世界热点怎么看 2019

当代世界研究中心 著

党建读物出版社

图书在版编目（CIP）数据

世界热点怎么看．2019 / 当代世界研究中心著．—
北京：党建读物出版社，2019.8
ISBN 978-7-5099-1200-3

Ⅰ．①世… Ⅱ．①当… Ⅲ．①国际问题—研究—
2019 Ⅳ．① D815

中国版本图书馆 CIP 数据核字（2019）第 114932 号

世界热点怎么看

SHIJIE REDIAN ZENME KAN

（2019）

当代世界研究中心　著

策　　划：老　松
责任编辑：季利清
责任校对：张学民
封面设计：嘉信一丁
出版发行：党建读物出版社
地　　址：北京市西城区西长安街 80 号南楼（邮编：100815）
网　　址：http: // www.djcb71.com
电　　话：010-58587122 / 7166
经　　销：新华书店
印　　刷：北京盛通印刷股份有限公司

2019 年 8 月第 1 版　2019 年 8 月第 1 次印刷
710 毫米 ×1000 毫米　16 开本　10.5 印张　135 千字
ISBN 978-7-5099-1200-3　定价：40.00 元

目　录

以美国总统特朗普上台为标志，世界政坛出现民粹化的“特朗普现象”。巴西新总统博索纳罗被称为“巴西的特朗普”，特朗普的拥趸也乘势在欧洲兴风作浪，成为当今世界政治面临的突出挑战。

特朗普上台后，轻视欧洲盟友，多次公开发表贬低欧盟的言论，在贸易、北约军费等问题上发难，法国、德国等国领导人愤而“回怼”特朗普。美欧关系的“裂痕”不断扩大，成为当今国际秩序演变的一大特征。

2016 年，英国通过“脱欧”公投，开启了“脱欧”进程，但此后与欧盟的“脱欧”谈判艰难异常，各种问题应接不暇，国内政治掣肘和民众态度让执政的保守党政府陷入困境，造成骑虎难下的局面。

目前，世界贸易组织（WTO）拥有164个成员，贸易总额占全球的98%，一度有“经济联合国”之称，其主要功能是制定国际贸易规则、组织全球开放市场谈判、解决国际贸易纠纷。然而，WTO现任总干事阿泽维多曾在多个场合表示，WTO已经陷入生死存亡的困境。WTO面临的难题是什么？各主要相关方的核心关切和立场是什么？中国在WTO改革问题上的政策立场又是什么？

“一带一路”倡议提出6年来，其建设进程既气势恢宏又润物无声，赢得国际社会广泛支持和积极参与，各类合作项目扎实启动并取得阶段性成果，为世界经济复苏发展和沿线国家民生改善注入了重要动力，成为各方以合作谋发展的重要实践平台。展望未来，“一带一路”建设将在百年未有之大变局中继续稳步前行，通过进一步凝聚合作力量开创共享繁荣的美好前景，为充满不确定性的世界指引方向，为充满乱象的世界提供定力。

1. 变友为敌何居心

——怎么看美国对华战略大调整

2019年5月，美国总统特朗普宣布把中国输美的2000亿美元商品关税由10%提高至25%，妄图逼迫中国接受美国提出的系列谈判条件。面对美方所谓“极限施压”，中国做好了全面应对准备，并宣布6月1日起开始采取反制关税措施。愈演愈烈的贸易战背后，是美国对华战略的深刻调整，对此我们要保持战略定力，妥善应对。

美国的“中国观”之变

2017年12月，特朗普政府发布任内首份《国家安全战略报告》，提出美国正面对“大国竞争”的新时代，并将中国明确定位为“修正主义国家”和“战略竞争者”。某种程度上，这是一份以应对“中国威胁”为导向的国家安全战略报告，这在冷战结束后尚属首次。2018年1月，美国国防部发布2014年以来的首份《国防战略报告》，在涉及中国的表述基调方面与《国家安全战略报告》保持一致。时任美国国防部长马蒂斯在报告发布会上强调，中国和俄罗斯是“修正主义大国”，虽然美国还将继续打击恐怖主义，但“大国竞争，而不是恐怖主义，现在是美国国家安全的首要关注点”。

“战略竞争者”这个概念比较容易理解：美国人越发担心中国要夺取美国的全球领导地位，要做世界的“老大”。所谓“修正主义国家”，即在美国人看来，不断崛起的中国要推翻现有的国际秩序而不是保持现状，要“另起炉灶”，与美国“分庭抗礼”。特朗普政府给中国扣上这两顶大帽子，目的就是为了调整美国的对华战略。应当看到，当前美国对“中国威胁”的认知涉及经济、安全、外交、意识形态等诸多方面，特朗普政府日益从“全方位竞争”的角度制定和实施对华政策。实际上，特朗普政府高官并不掩饰美国对华战略的强硬转向。美国国务卿蓬佩奥公开表示，美中两国在很多问题上存在根本性分歧，特朗普政府的做法是“承认两国之间关系的竞争本质”。参谋长联席会议主席邓福德称，中国是美国面对的“全球性挑战”，美国需要保持强大的军事竞争力。

特朗普政府高官的言论以及美国国家战略文件中的涉华表态，基本反映了美国战略界正逐步形成一种新的“中国观”：中国已经成为美国的最重要对手。大致说来，这一“中国观”的形成经历了三大时间节点。第一个时间节点是 2007—2008 年，当时金融危机在欧美多国爆发，西方国家经济困局加深，以新自由主义为基础的“华盛顿共识”受到质疑。美国战略界感到，随着中国经济发展保持稳中有进，中国国内开始出现一种有关“西方衰落、中国崛起”的“必胜主义”情绪，其“中国观”开始发生变化。2010 年，中国国内生产总值（GDP）超越日本，成为世界第二大经济体，中国国际地位显著提升，加之中美围绕南海争端、“亚太再平衡”等问题的矛盾凸显，这构成美国战略界“中国观”演变的第二个重要节点。第三个时间节点大致在 2014—2015 年，正如美国知名中国问题专家何汉理所说，面对中共十八大以来中国发展走向和外交姿态的新变化，美国战略界围绕对华政策展开了过去 50 多年来“最为激烈的辩论”。不少美国战略界人士认为，加速崛起的中国将是美国面临的最大长期性威胁，主张将美国对华政策从“接触”向“遏制”（冷战期间美国对苏联的战略）方向回调。2017年1月特朗普政府上台后，美国战略界对中国的负面认知进一步上升，“中国强硬论”“中国取代美国论”“中国另起炉灶论”“中国政治渗透论”等消极论调甚嚣尘上，要求对华采取强硬政策路线的声音日趋增多。比如，特朗普中国政策顾问、国防部前官员白邦瑞宣称，中国长期对美国进行“战略欺诈”，中国的真实战略意图就是削弱美国的全球领导地位，并且把美国赶出亚洲，美国需要加大对中国的压制。特朗普另一核心智囊彼得•纳瓦罗甚至称，帮助中国加入世界贸易组织是美国迄今犯下的最大错误，中国的崛起导致了“美国的衰落”。

实际上，美国对华战略新一轮调整的背后，是主张对华强硬的多方势力出现一定程度的“交汇”。一是里根主义派，这一群体具有较深的反共意识形态，主张大力刺激美国经济，提升美国军事实力，敢于对战略对手进行遏制，甚至不惜发动军备竞赛，力图“以实力保和平”。代表性人物包括对特朗普颇具政策影响力的福克斯新闻（Fox News）主持人肖恩•汉尼提等。二是民粹主义派，以白宫前首席战略师史蒂夫•班农为代表的这一群体断言“中国已经走上谋取全球霸权的道路”，而“全球主义精英”却与中国构成共谋关系，不愿对华强硬。美国面对的是中国的“儒家重商威权主义”带来的“文明冲突”，各国民粹主义者应当联手对抗中国。三是温和强硬派，这一群体认为过去数十年来美国对中国的“接触”政策，未能使中国成为国际体系中的“负责任利益攸关方”，中国在经济、南海、意识形态等问题上日益强势。美国需要对中国进行反击，采取“推回”策略，但要避免与中国陷入战争，并在相关问题上对华保持有限的合作。

上述各派力量在处理对华关系的具体策略上虽然存在分歧，但都赞同美国应对自身的对华战略作出深刻调整，采取切实举措压制中国崛起。总之，美国战略界人士如今普遍把中国视为国家安全面临的“首要挑战”。过去几十年，美国对华战略中带有按照美国意图改造中国的目的，这是所谓“接触”的重要内涵。20世纪90年代初以来，美国历经克林顿、小布什和奥巴马政府，它们大致分别采取“接触+演变”“接触+防范”“接触+规制”的对华战略。时至今日，大部分美国战略界人士都认为，过去几十年旨在通过“接触”中国促进其实现“市场化+民主化”的战略已经失败，很多人主张美国的对华战略不能再延续“接触”，而是要与中国进行竞争，包括采取“脱钩”即减少两国相互联系的策略。

美国为何想“脱钩”

20世纪70年代末，中国的改革开放进程与中美实现外交关系“正常化”几乎同步开启，此后40多年两国建立了紧密的经贸合作关系，被视为中美关系的“压舱石”。然而，在美国要和中国展开战略竞争的大背景下，经贸关系这块“压舱石”却变为双方的博弈焦点，一些美国人甚至主张要在经贸和科技领域与中国“脱钩”。特朗普政府明确提出“经济安全就是国家安全”，认为美国的巨大贸易逆差导致国家力量大大削弱，而中国的“不公平”贸易做法则是造成这一问题的主要原因。2018年3月，特朗普政府挑起与中国的经贸摩擦，对从中国进口的电子产品等商品大幅增加关税，此后还不断加码，并威胁要对所有自中国进口的商品征收惩罚性关税。

同时，美国还对华为等中国企业加大了打击力度，一手炮制了“抓捕孟晚舟”等事件，而且还大力阻挠中国企业获得美国高科技产品，限制中国企业在美国的直接投资。2018年11月，美国司法部宣布起诉中国的国有企业福建晋华公司，称其涉嫌盗取美国半导体公司美光科技的知识产权。美国商务部也酝酿出台加强对华出口管制的新政策，增大中方获取美国技术和相关产品的难度。美国国会通过相关法案，要求美国外国投资委员会加大对中国在美投资的审查力度。虽然至今中美双方就解决经贸摩擦已经进行了多轮谈判，但特朗普政府针对中国的施压过程短期内难以结束。美国之所以不会轻易收手，是因为经贸摩擦的背后是两国战略竞争的深化，尤其是有关“技术领导地位”的竞争。正如美国战略与国际问题研究中心（CSIS）副总裁詹姆斯·刘易斯所言，两国的经贸摩擦关乎贸易赤字、技术优势等问题，或将演变为一场更广泛的战略对抗。

❖美国以所谓国家安全为由，对华为、海康威视等中国科技企业实施制裁。

特朗普政府的一系列举措表明，美方希望在经贸领域减少对中国的依赖，推动一定程度的中美“脱钩”。之所以采取带有“脱钩”性质的举措，是因为美国对双方经贸关系的认知转向负面，不再相信合作共赢，而将之视为你输我赢的零和竞争。在不少美国人看来，中国通过“强制技术转移”、并购美国初创企业等方式，系统性获取美国技术，损害美国的长期经济利益和国家安全。一方面，美国认为，美国企业在中国的经营以流失大量技术为代价。白宫决策圈中的激进鹰派、总统高级顾问彼得·纳瓦罗主导撰写了有关中国对美国“经济侵略”的报告，在他看来，“寻求进入中国市场的美国公司既天真又自大，而中国在获取技术方面手段高明，两者结合对美国公司来说是致命的”。

另一方面，美国对中国企业在美国的投资行为感到十分忧虑，担心敏感技术和相关技术人才会被转移到中国。根据美国咨询公司荣鼎集团的统计，过去几年，美国科技类初创企业获得大量来自中国的风险投资，数额约占总投资额的15%。这些初创企业往往致力于研发具有突破性的技术，而且很多是军民两用技术，这引起美国方面的警惕。此外，百度、腾讯、华为等中国企业近年纷纷在美国硅谷等地设立研发中心，延揽了不少美国科技人才。美国国会提出的《外国投资风险审查现代化法案》已经在2018年8月正式成为法律，该法案规定，任何涉及美国关键技术的并购交易活动都将接受更严格审查。一些国会议员并不讳言，该法案就是针对中国。

在不少美国人士看来，中国目前不仅在第五代移动通信技术（5G）、人工智能、新材料等高技术领域对美国构成实实在在的挑战，而且在车辆及零部件、电机和机械等中端技术产业领域日益强大。美国国家科学基金会2018年发布的一项研究认为，过去10年，中国制造的中端技术产品在全球的出口份额增长了两倍，达到32%，超过美国和欧盟。中国出口商品的国产率也已经从60%升至80%，在关键零部件等方面减少了对发达国家的依赖。美国苹果公司2012年在华供应商只有7家，到了2017年已经增至28家。这从一个侧面反映出中国在全球产业链上向着更高位置迈进。

更为重要的是，美国担心失去技术领导地位，包括先进机械、大型船舶等制造能力，将会严重影响美国的军事工业基础，进而威胁国家安全利益。2018年10月初，白宫公布了美国国防部撰写的一份报告，称美国军方在关键原材料和零部件采购方面过于依赖中国，构成了“巨大的和日益增长的”风险。报告对美国的军事工业基础和供应链作出系统评估，找出了近300个“漏洞”，包括中国对全球稀土供应的控制、中国企业成为美军弹药所需化学原料的主要供应方等。美国还担心，由于全球40%以上的复印机电路板在中国生产，存在中国植入病毒入侵美国国防系统的风险。

由此可以发现，美国对中国挑起的经贸冲突以及日益加深的技术出口管制和投资限制，具有十分复杂而深刻的背景，已经超越缩减贸易逆差的范畴。这些问题并不是凭借一两个协议就能轻易解决的。正如CSIS资深中国问题专家斯科特·肯尼迪所言，美国政府内部的鹰派人物的确还有一个更大的野心：将供应链从亚洲转移到美国，让美国和中国这两大经济体实现长期性分割。新美国安全中心副总裁伊莱·拉特纳认为，美国政府内部现在讨论的问题不是要不要与中国"脱钩"，而是"脱钩"的程度。总之，不应低估当前中美经贸摩擦的复杂性、长期性，尤其是要看到这一问题背后的大国技术竞争和战略安全因素。

"脱钩"并不可行

虽然美国国内的对华强硬派来势汹汹，试图借助经贸摩擦进一步推动美国对华战略朝着"对抗"方向调整，但很多有识之士也提出，"脱钩"并不现实，走向对抗更不符合美国的利益。比如，长期负责中国和亚洲事务、2018年7月卸任代理助理国务卿一职的苏珊·桑顿表示："如果美国找不到与中国合作的道路，我们将迎来极其困难的未来。"她认为，中国与苏联不同，美国没有可以从经济上孤立中国的国际机制。两国经济日益密切联系起来，将美国经济从中国分离出来，美国自身将会破产。

事实上，贸易争端对美国所带来的负面影响日益显现，正如美国前副贸易代表卡特勒所言："我们有高估自身谈判筹码的风险"。与特朗普的预想相反，美国的贸易逆差不降反升。2019年3月，美国商务部经济分析局公布的数据显示，美国2018年货物贸易逆差总额为8913亿美元，创历史新高。美联储官员担心，贸易争端导致原材料、零部件价格上涨，将削弱美国家庭的购买力，严重影响美国企业的信心、投资和就业。布鲁金斯学会的一项研究估计，中国的关税报复举措会令支持特朗普的相关地区损失 110 万个就业岗位。

当地时间 2019 年 5 月 23 日，特朗普在白宫接见农民代表，宣布将向国内农民提供 160 亿美元的补贴，以此抵消后者在中美贸易摩擦中遭受的损失。

此外，彼得森国际经济研究所所长波森认为，特朗普政府的贸易攻势正在让长期投资远离美国。美国商务部经济分析局的统计数据显示，2018 年上半年，对美直接投资额仅为 447 亿美元，同比大幅下降 72%。中国对美直接投资呈现显著的下降趋势。根据荣鼎集团的研究，2016 年中国在美投资额约为 460 亿美元，2017 年则降至 290 亿美元，下降幅度约为 36%。

虽然“脱钩”对中美两国都会带来负面影响，但是对于实力相对较弱的一方来说，这种冲击可能会更大。虽然美国方面对来自中国的技术竞争压力夸夸其谈，但我们要对我国的技术实力、产业水平和创新能力有着清醒的认识，我国企业的产业升级也正处于艰难爬坡的关键阶段，确保中美经贸关系总体稳定、确保我国和发达国家之间的技术交流渠道畅通，对于中国的可持续发展是至关重要的。不容否认，美国方面已经明确把我国视为战略竞争对手，无论中方是否情愿，都很可能被拉入一场持久的较量。如果把这种较量比作拳击比赛的话，设法与对手“扭抱”不失为一种明智的选择，“脱钩”只会让美国放开手脚，在出拳时更加肆无忌惮。

换言之，面对美国在经济、安全、外交等多个领域的施压，我们必须冷静处之、保持定力、善于周旋，不能随美国对华强硬派的节奏“起舞”。既要逐步接受中美关系竞争性因素上升、进入艰难调适期的新现实，也要看到美国国内还是有很多理性的力量。过去40年来中美关系发展为两国交往打下的基础，并不是那么容易被毁弃的。同时也要认识到，特朗普虽然看上去咄咄逼人，但其实也面临内政、经济和国际热点问题所带来的诸多压力。世界上的矛盾很多，运筹中美关系的空间还很大。

尤为关键的是，要结合我国推进新一轮改革开放的战略安排，解决好中美经贸关系发展“不平衡、不充分”的问题，不断扩大共同利益与合作空间，重新筑牢稳定中美关系的经济基础。2018年9月，中国美国商会对超过430家在华美国公司的调查显示，贸易争端以来，约1/3的公司考虑推迟或取消在华投资，52%的企业感受到中国方面非关税举措的影响。我国政府已经明确提出“稳外资”等“六稳”要求，这自然涉及目前约6.8万家在华美资企业。应按照“推动形成全面开放新格局”的既定部署，全面、尽快落实相关改革举措，完善营商环境，对外国企业包括美国企业释放更多政策红利，把外资留住。

此外，还可用好中国国际进口博览会等新平台，加大从美国的进口，继续不失时机地推动能源、基础设施建设等领域的中美经贸合作，推进金融等服务业合作。2018年9月在北京举行的中美金融圆桌论坛对外释放了积极信号，这一新的对话机制由央行前行长周小川和高盛集团前总裁桑顿共同主持，参加者包括美国黑石集团等重要金融企业的负责人。而在中美地方合作领域也存在不少机遇，宜结合美国不同州、不同国会选区的特点，增进同美国地方政府和国会议员的沟通接触，在低敏感领域扩大中国对美直接投资，为当地创造更多就业机会，推动中美经贸和投资关系向纵深发展。

避免“新冷战” 中美需要“再接触”

2019 年 6 月 29 日，国家主席习近平与特朗普在大阪会晤，两国元首同意，在平等和相互尊重基础上重启经贸磋商，美方暂停对中国产品加征新的关税，两国经贸团队将就具体问题进行讨论。7 月 3 日，《华盛顿邮报》发表题为《把中国变成美国的敌人适得其反》的公开信，向特朗普总统和美国国会喊话。信中表达了对于中美关系不断恶化的忧虑，指出这与美国的全球利益不符，公开信从七个方面阐述了当下美国对中国的误判，并提出了政策建议。此信由美国麻省理工学院教授傅泰林、前美国驻华大使芮效俭、卡内基国际和平基金会高级研究员史文、前美国国务院代理助理国务卿董云裳和前哈佛大学教授傅高义等 100 名中国问题专家联合撰写。对此，特朗普当局基本没有反应，在美国依然对华为等中国企业继续制裁、贸易谈判结局依然不明朗的情况下，中美关系比以前更加复杂难测。

通过分析中美经贸摩擦和技术竞争问题，我们可以看出，美国力图大幅调整对华战略，中美关系正处于深刻的转型之中。值得注意的是，近年一些国际战略界人士在评析中美关系时常常提及“新冷战”，甚至还有人提出中美已经陷入霸权国和崛起国激烈对抗的“修昔底德陷阱”。2018 年 7 月，在参加阿斯平安全论坛期间，美国中央情报局东亚任务中心助理副主任柯林斯表示，中国正在对美国展开与美苏冷战不同的一种“悄无声息的冷战”，试图取代美国成为主导世界的大国。

显然，这一看法夸大了中美两国之间存在的分歧和矛盾。虽然特朗普政府采取了“进攻性”的对华经贸政策并在台海、南海等问题上采取一系列消极举动，但中美关系迄今仍维持总体稳定，而且双方在解决朝鲜核问题等方面还进行了深度协调。美苏当年陷入争霸对抗的前提是双方之间几乎不存在经济联系。如今，经济全球化带来各国之间高度的相互依赖，盟友和敌手之间的界限愈发模糊，国际社会的规则、规范、法治程度以及调整国家关系、应对全球性挑战的各类国际机制不断发展，主动挑起军事冲突或是以武力解决问题不仅效果不彰，而且缺乏道义支持。中美之间有着高度相互依存的经济关系，中国还是美国很多盟国的重要贸易伙伴。中国并不具备与美国全面抗衡的军事实力，而美国也难以对中国实施全面遏制战略。

即便中美不太可能陷入“新冷战”，但我们也不能忽视两国关系面临的诸多挑战。基辛格等不少美国人士感慨道：中美关系再也回不到过去了。实际上，这种“怀旧主义”面对中美当前的新格局已经无甚必要，当务之急是在更好地把握中美关系现实的基础上，积极探索双方实现“再接触”的路径和方式。首先，“再接触”意味着美国方面要重新审视对华“接触”的目标，按照美国的偏好和模式改造中国显然是不现实的，对此美方需有更加清醒的认识。其次，“再接触”是美国对华政策的现实选择，正如兰德公司高级研究员詹姆斯·多宾所言，接触和竞争仍然都是必不可少的工具；美国的目标不应该是“让中国出局”，而应该是成为更有活力、最好的自己。再次，“再接触”也是中美之外的大多数国家所希望的，这些国家既不想要“中美共治”，更不愿陷入在中美之间“选边站队”的困境。2018 年 11 月，澳大利亚总理莫里森曾直言，必须避免让“对抗”来定义中美关系。但是，美国似乎依然在朝对抗的道路上走。2019 年 5 月，美国国务院政策规划事务主任基伦·斯金纳断言，美中之间的冲突是“一场与一种完全不同的文明和不同的意识形态的斗争”，而且还准备就此进行对华战略和政策的规划。对美国这种消极的对华态势我们必须保持高度警觉。

当然，“再接触”并非一厢情愿地否认中美之间存在竞争。应接受中美关系竞争性因素上升、进入艰难调适期的新现实，同时也要认识到，在国际关系尤其是大国关系中，“竞争”实际上是一种常态。但是，“竞争”与“对抗”存在根本区别，“对手”和“敌手”也有很大不同，需要积极管控中美关系中的“竞争”，避免其沦为“对抗”。与此同时，应当从“良性竞争、深度合作”的角度努力促进中美关系的良性转型，正如中国国务委员兼外交部长王毅所言，“如果说中美之间有竞争的话，那也应该是良性和积极竞争，这在国际交往当中也是很正常的。换句话说，中美可以有竞争，不必做对手，更需当伙伴。”

总之，中美两国利益并非绝不相容，接触和竞争也不是互斥的选择。实际上，在经贸摩擦等种种复杂挑战的背后，一种事实上的中美“新型关系”正在形成之中。无疑，中美关系能否实现稳定健康发展，对于两国的各自利益和世界和平稳定具有决定性影响。正如习近平主席所指出的，“我们有一千条理由把中美关系搞好，没有一条理由把中美关系搞坏”。无论是妥善应对大国竞争，还是确保国际秩序的总体稳定，都迫切需要中美两国以更大的战略智慧开启“再接触”进程。

2. 相见时难和更难

——怎么看俄美关系改善的前景

进入 2019 年，俄罗斯与美国的关系依然呈现下滑状态，普京与特朗普会见后反而使问题更加突出，双方退出《中导条约》，在世界热点问题上依然针尖对麦芒互不相让。显然，俄美短期改善关系的难度不小。

见与不见　都是难题

2018 年 3 月，普京再次蝉联俄罗斯总统后，特朗普于当月 20 日打电话祝贺，双方声明了限制军备的重要性。4 月 2 日，俄罗斯总统助理乌沙科夫表示，特朗普 3 月 20 日在与普京总统通话时表示，提议在华盛顿、在白宫举行首次会晤。4 月 16 日，白宫新闻发言人桑德斯确认特朗普愿意与普京会晤，“他（特朗普）认为，他们两人之间维持良好的关系将有助于世界局势的稳定，不过这要取决于俄方”。

2018 年 6 月 27 日，博尔顿到访莫斯科，与俄外长拉夫罗夫举行会谈，普京也予以会见。普京在会见中表示，俄罗斯与美国的关系目前不是处于最好的形势，这与美国国内的政治斗争有关。俄罗斯不希望与美国对抗，愿在平等基础上全面恢复与美国的关系。6 月 28 日，克里姆林宫与白宫同时宣布，普京与特朗普的会晤将于 7 月 16 日在芬兰首都赫尔辛基举行，双方会谈的主要内容是俄美关系、乌克兰和叙利亚问题，不排除会晤后发表联合声明。

当地时间 2018 年 7 月 16 日，俄美首脑峰会在芬兰总统府举行，普京同特朗普举行正式会晤。

7 月 15 日，足球世界杯顺利闭幕，俄罗斯足球队尽管止步于八强，但这也是它参加世界杯以来的最好成绩，普京对此深表满意。特朗普在推特上祝贺法国队夺冠，同时祝贺普京与俄罗斯“举办了一届真正伟大的世界杯——有史以来最棒的世界杯之一”。次日，普京带着不错的心情来到赫尔辛基，不过比预定的时间迟到 55 分钟。双方举行了一对一会谈和大范围会谈。原定的一对一会谈 90 分钟，结果谈了 130 分钟，即使特朗普夫人梅拉尼娅提醒已经超出礼宾规定时间，特朗普仍觉意犹未尽。随后，双方举行记者招待会，介绍会晤成果。普京认为会谈是坦率和务实的，特朗普说会谈开放和富有成果。美国记者提出了乌克兰、叙利亚和俄罗斯干预美国选举等问题，普京的回答充满战斗民族特有的激情。他谈到战略稳定，《中导条约》以及叙利亚问题，并转到世界杯借题发挥，当场拿来一个足球送给特朗普，说叙利亚问题的球已经在美国手上。特朗普接球后拍了拍，顺手扔给台下的夫人梅拉尼娅。

特朗普与普京会晤后，依然觉得有必要再次与普京见面，似乎有一日不见如隔三秋之感。7 月 19 日他就在推特上写道:“我期待我们的第二次会面，希望我们能开始讨论首次会面所商议问题的落实情况，包括停止恐怖主义、以色列安全、核不扩散、网络袭击、贸易、乌克兰、中东和平、朝鲜等其他问题。”白宫新闻秘书桑德斯也曾证实，“特朗普总统已请求国家安全顾问博尔顿邀请普京总统秋天访问华盛顿。相关讨论已正在进行”。7 月 25 日，据《今日俄罗斯》报道，俄罗斯已经收到了美国方面发出的邀请函，邀请普京总统于当年年底在华盛顿与美国总统特朗普会面。而普京的外事助理乌沙科夫暗示说，普京与特朗普可能会于当年 11 月在阿根廷举办的二十国集团（G20）峰会上见面。

2018 年 11 月 11 日，法国举行纪念第一次世界大战结束 100 周年活动，特朗普、普京等国家的领导人在巴黎参加纪念仪式，这为特朗普与普京解决“相思之苦”提供了一个平台。法国总统马克龙对此做了精心防范，因为他担心普京与特朗普会见风头盖过自己，这岂不是自己摆场子给别人约会？于是，马克龙放出风声，反对两人在巴黎单独会见。但是这阻挡不了普京与特朗普的互动。在集体大合照阶段，见到普京法国总统马克龙、德国总理默克尔一脸严肃，只有特朗普不由自主地咧嘴含笑。随后，马克龙在爱丽舍宫举行招待午餐，本来特朗普与普京的座位是挨着的，结果“最后一刻”马克龙特意调换了座位，硬生生用一张长桌把特朗普和普京隔开。一张抓拍的照片显示，特朗普向普京眨了眨眼睛，撇了撇嘴，露出无可奈何的失望之情。

此地不让会，再寻会见地。11 月 30 日到 12 月 1 日，G20 峰会在阿根廷首都布宜诺斯艾利斯举行，经过台前幕后、前方后方的一系列协调，俄美双方放出风声，普京和特朗普商定在布宜诺斯艾利斯会见。但是，搅局者出现了。11 月 25 日，3 艘乌克兰海军船只未经俄方许可试图接近刻赤海峡，俄方使用武力扣留这3艘船，并逮捕船上的乌方人员。普京对俄边防军的处置行动表示肯定，而美国则要求俄方放船放人，俄方坚决顶住美国的压力。同时，美国国内也对特朗普施加压力，要求他取消与普京的会晤。特朗普直到在飞往阿根廷的路上，才最终宣布取消与普京的会面，等于放了普京的鸽子。在会议期间，普京全程与特朗普没有互动，显然他是动了怒。

与此同时，美国国内继续对特朗普的“通俄门”进行调查，对特朗普与普京会晤谈了什么尤其感兴趣。据英国《卫报》报道，特朗普和普京2017年在德国汉堡、2018年在芬兰赫尔辛基的两次会晤中都有译员在场，但美国媒体称特朗普将这些谈话记录隐藏起来。民主党议员认为，“特普会”的神秘性让人对特朗普与普京之间的真实关系产生怀疑。2019年3月4日，美国众议院司法委员会启动围绕特朗普“妨碍司法”“公共腐败”“滥用权力”三大议题调查，外界认为这是民主党争取“弹劾特朗普”的起步行动。

《中导条约》相互指责

《中导条约》的全名是《苏联和美国消除两国中程和中短程导弹条约》，是1987年12月8日由美国总统里根和苏联领导人戈尔巴乔夫签署的，简称《中导条约》，条约规定两国不再保有、生产或试验射程在500公里至5500公里的陆基巡航导弹、弹道导弹及其发射装置。自签署之后，双方基本遵守条约的内容，当然也在利用条约的漏洞来发展自己的导弹和反导弹系统。其实，早在2005年1月，时任俄罗斯国防部长的伊万诺夫在华盛顿会见美国国防部长拉姆斯菲尔德时就提出了俄罗斯可能退出《中导条约》的问题，俄方的理由是:《中导条约》的约束力对俄罗斯不公平，美国没有遵守条约规定，俄罗斯仍然遭到威胁。2014年7月，俄罗斯再次表示有可能退出该条约。

美国指责俄罗斯研制的9M729型陆基巡航导弹射程达到2000公里，现役的“伊斯坎德尔-M”型战术导弹系统发射的9M728陆基巡航导弹，标准射程是500公里，而且该导弹的射程随时可以超过500公里这个门槛。俄罗斯则认为美国在东欧波兰和罗马尼亚部署的“陆基宙斯盾”系统违反《中导条约》，其垂直发射系统系中程导弹的地面发射装置，属于条约禁止范围。在双方相互指责下，2018年12月4日，美国国务卿蓬佩奥警告，俄方有60天时间重新遵守《中导条约》，否则美国将启动一个为期6个月的正式程序，退出该条约。俄罗斯表示，不会接受最后通牒。

当地时间2019年1月23日，俄罗斯国防部向外国武官和媒体记者展示9M729导弹，说明其射程并未超出《中导条约》限定范围。

为了保留《中导条约》，俄美在60天期限内进行了一系列活动。2019年1月中旬，俄罗斯主管安全的副外长里亚布科夫与美国副国务卿汤普森在日内瓦继续就保留《中导条约》问题进行磋商。在会谈中，美方指责俄罗斯的行为是美国退出该条约的主要原因，并宣布从2月2日起暂时中止履行《中导条约》，里亚布科夫对此表示震惊。

为了显示俄方诚意，2019 年 1 月 23 日，俄罗斯国防部在“爱国者”主题公园举行吹风会，邀请外国驻莫斯科武官参观美国认为违反《中导条约》的“伊斯坎德尔-M”系统 9M729 导弹并介绍了性能。俄方介绍说，9M729 导弹射程约 480 公里，并未超条约限制。但是，美国武官拒绝出席，认为这场吹风会展示的是另一种疑似冒充 9M729 的导弹。美国中情局和国家地理空间情报局认为，俄罗斯展示的导弹运输发射箱对于 9M729 来说“不够大”，而且，俄方展示导弹的某些参数随时可以修改，可以打得更远。

2019 年 1 月 30—31 日，五个核大国在北京举行会议，并与国际学术机构和媒体举行对话会。这次会议被认为是美俄挽救《中导条约》最后的机会。俄罗斯副外长里亚布科夫出席。期间美方重申了俄罗斯必须销毁 9M729 型巡航导弹的要求，遭到断然拒绝。

2 月 1 日，美国国务卿蓬佩奥宣布，由于俄罗斯在两个月期间没有对美方的诉求做出答复，美国将暂停履行条约义务，启动为期 6 个月的退约程序。他还说，美国愿就军备控制问题与俄罗斯进行谈判，条件是未来可能达成的协议必须是“可核查的”，并且应具有强制执行效力。特朗普当天也发表声明，称美国不能成为世界上唯一一个受限于《中导条约》的国家。北约当日发表声明支持美国政府的决定，呼吁俄罗斯利用剩余时间“恢复”遵守《中导条约》。欧盟外交与安全政策高级代表莫盖里尼也表示，欧盟不希望欧洲再次沦为超级大国的竞技场，俄美两国必须保留并全面履行《中导条约》。

2 月 20 日，普京在年度国情咨文中大篇幅谈到俄美关系，谈到美国退出《中导条约》，指责美国公然蔑视并且明目张胆地忽略了《中导条约》第 4 条和第 6 条的全部规定；在罗马尼亚和波兰部署战斧巡航导弹的发射器，直接和粗鲁地违反了条约要求。普京指出，在欧洲部署的某些导弹飞往莫斯科的时间仅 10—12 分钟，这对俄罗斯是一个非常严重的威胁。3 月 4 日，普京签署了俄罗斯中止执行《中导条约》

的命令，还要求外交部和国防部不再主动与美国进行相关谈判。

美俄相继宣布退出《中导条约》，美国宣布近期试射两种中程导弹，预示着军备竞赛的潘多拉盒子再次打开；退约成为国际社会追求和平的逆流，对世界和平发展的趋势是一种阻遏。

热点问题　相互对抗

俄美在世界热点问题上的相互指责和对抗依然继续，在乌克兰问题、叙利亚问题和新热点委内瑞拉问题上相互攻防。

进入 2018 年下半年以来俄乌关系继续恶化。2018 年 11 月 25 日，乌克兰海军 3 艘舰艇进入黑海刻赤海峡，与俄罗斯边防军发生冲突，遭到俄罗斯炮击扣留，双方关系处于紧张顶点。乌克兰随即宣布禁止 16—60 岁的俄罗斯公民入境。面对紧张的俄乌关系，北约声援乌克兰，要求俄罗斯释放被扣乌克兰军人。12 月 4 日，北约秘书长斯托尔滕贝格重申对乌克兰支持，称北约“将继续维持在黑海地区的存在”。美国国务卿蓬佩奥直截了当地说，北约“将共同制定一系列反应措施，向俄罗斯人证明，这种行为是不可接受的”，并表示其军舰将进入黑海。作为回应，俄罗斯宣布在黑海海域和克里米亚东部举行潜艇和导弹演练。

2019 年 2 月 19 日，乌克兰总统波罗申科签署了关于加入欧盟和北约方针的宪法修正案。波罗申科表示，推动乌克兰加入欧盟和北约是他的“战略使命”。看来，在波罗申科执政期间，乌克兰加入美西方阵营已经是不可撼动的选择。俄罗斯一方面警告乌克兰当局不要对顿涅茨克和卢甘斯克动手，否则将面临灭顶之灾，另一方面则寄希望新当选总统能够改善两国关系。

4 月 21 日，经过两轮角逐，喜剧演员泽林斯基战胜波罗申科当选乌克兰新总统。在对外发表讲话时，泽林斯基宣布将延续波罗申科在乌克兰东部问题上的立场，为此，俄罗斯总统没有向泽林斯基致贺；美国继续试图对乌克兰新总统施加影响，乌克兰问题依然是俄罗斯与美国较量的重要战线。

在叙利亚，也是同样的情况。2018 年下半年，在俄罗斯和伊朗支持下，叙利亚政府军试图收复反对派占据的最后地盘伊德利卜。对此，美国态度暧昧，警告叙利亚政府军，如果使用化武，则美国必然参战。叙利亚政府军在战场上已基本占据主动，只有零星区域被土耳其、库尔德武装和“伊斯兰国”控制。如何保证俄罗斯、土耳其、伊朗在叙利亚的利益和战后安排，成为以后的主要任务。

正是在这样的背景下，2018 年 9 月 7 日，俄罗斯、土耳其和伊朗在德黑兰举行峰会，表示将继续为彻底消灭叙利亚境内“伊斯兰国”和“征服阵线”的武装分子开展协作。三国领导人强调，在打击恐怖主义时，首要任务是将他们和武装反对团体区分开，此外也必须防止平民伤亡。

9 月 8 日，俄罗斯与美国都开始行动：俄罗斯和叙利亚联军开始对伊德利卜省的汉谢洪周边地区和哈马省北部的拉塔米奈镇发动大规模空袭；此外，叙利亚政府军当天也对伊德利卜省东南部反政府武装控制区实施了炮击。同日，美军对位于代尔祖尔的叙利亚军事基地发动空袭，这是对准备乘机进攻库尔德地盘的叙利亚和伊朗军力的空袭。

2018 年 12 月中旬，美国总统特朗普与土耳其总统埃尔多安通电话，埃尔多安问特朗普：打败“伊斯兰国”是美军留在叙利亚的唯一理由，既然“伊斯兰国”的 99% 已被打败，“为何你们还留在那里?”特朗普爽快地答应：“行，（叙利亚）剩下的事情都交给你们了，我们完事了。”特朗普要求埃尔多安保证，土耳其将会继续打击“伊斯兰国”。“作为你的朋友，我可以做出承诺。”埃尔多安说。

特朗普的撤军宣示受到俄罗斯的欢迎，但没有得到众多下属的认可。国防部长马蒂斯曾表示，美军将继续留驻叙利亚，直至叙利亚问题在“政治轨道”上取得进展为止。国家安全顾问博尔顿称，“只要伊朗军队不离开，美军就不会离开叙利亚”。美军参谋长联席会议主席邓福德12月初称，美军要协助训练当地部队打击“伊斯兰国”，在叙利亚“还有很长的路要走”。

美国媒体认为，现在撤军为时过早，这无异于给美国的敌人们奉上意想不到的“圣诞礼物”。这些敌人包括阿萨德、俄罗斯总统普京、伊朗最高精神领袖哈梅内伊、极端组织“伊斯兰国”和基地组织。美国支持的叙利亚民主军（SDF，主体为库尔德民兵）在12月20日的声明中说，撤军决定将为“复兴恐怖主义”提供空间，造成“政治和军事的真空”。迫于巨大压力，特朗普很快改口说：“我们将撤走军队。但我从来没有说过，这将是很快的事情。”

为了应对美国撤军出现的情况，2019年2月14日，普京邀请土耳其总统埃尔多安、伊朗总统鲁哈尼到索契，讨论叙利亚的长期和平问题。目前来看，“伊斯兰国”的势力基本被消灭，叙利亚政府军已经占据上风，美国军人实际上难以马上撤出。俄、土、伊三国虽然在战后安排上依然有分歧，但是俄罗斯已经在叙利亚站稳脚跟，围绕战后安排，俄美的较量可能才刚刚开始。

委内瑞拉成为俄罗斯与美国斗争的新热点。2019年1月23日，委内瑞拉国民议会议长、反对派领导人胡安·瓜伊多自封为该国“临时总统”，并得到美国政府承认，由此拉开了委内瑞拉的政治危机。

近年来，俄罗斯与委内瑞拉的合作力度加大。2018年12月，委内瑞拉总统马杜罗访俄，与普京进行了会谈，马杜罗随后在其推特上说：“签署50亿美元的投资保证协议，将与俄方合作伙伴一道增产石油。俄方保证将向矿业生产领域投资超过10亿美元，主要方向是黄金开采。”马杜罗还透露，俄罗斯保证在2019年后向委内瑞拉出口粮食。就在同月，俄罗斯两架图-160战略轰炸机抵达委内瑞拉迈克蒂亚国际机场。美国国务卿蓬佩奥强烈批评称，图–160飞机抵达委内瑞拉是“压制自由”。

当地时间2018年12月10日，俄罗斯两架图–160战略轰炸机、一架安–124运输机和一架伊尔–62飞机飞行超过1万公里后，在委内瑞拉西蒙–玻利瓦尔国际机场降落。

自2017年以来，美国就以委内瑞拉存在“民主和人权”问题为由，对该国施加多轮经济和金融制裁。2018年11月，美国又对委内瑞拉黄金出口施行制裁。特朗普2017年8月就说，不排除军事干涉委内瑞拉局势的可能性。而据美国媒体透露，正是由于瓜伊多访美并会见了美国副总统彭斯以及国务卿蓬佩奥，回国以后就宣布自己是“临时总统”。危机发生后，蓬佩奥强烈指责俄罗斯和古巴对此负有责任，称：“如果不承认古巴和俄罗斯在破坏委内瑞拉人民的民主梦想及其福利方面发挥的中心作用，这个故事就不完整。”俄罗斯外交部就此声明，这是美国的“蓄意和精心策划”，美国承认瓜伊多旨在加深委内瑞拉社会分裂，搅乱政局。俄罗斯警告，不得军事干涉这场政治危机，否则会有“灾难性后果”。俄罗斯总统普京则与马杜罗通电话，表示对其合法地位的支持。

俄美双方在委内瑞拉发起了人道主义援助战。美国和西方的援助物资抵达哥伦比亚与委内瑞拉边界，被委内瑞拉政府阻挡不得入境。俄罗斯外交部揭露说，美国借运送人道主义物资之名，试图把特种部队和军事装备转移到委内瑞拉，美国公司及其盟国还从东欧获取大量武器和弹药，以便向委内瑞拉反对派武装提供装备。与此同时，俄罗斯的人道主义物资运入委内瑞拉，西方媒体则传言俄罗斯向委内瑞拉派出 400 名军人，但遭到俄罗斯当局反驳。

美国持续对委内瑞拉进行经济绞杀，对委内瑞拉最大国有石油公司（PDVSA）实施制裁，指责俄罗斯石油公司“无视美国制裁”，继续购买委内瑞拉石油；蓬佩奥点名俄罗斯石油公司总裁谢钦向马杜罗提供“救生索”。美国财政部宣布对俄委合资银行“欧洲金融莫斯科人民银行”实施制裁，因为该行为委内瑞拉石油公司提供金融及相关服务。为了避开美国制裁，委内瑞拉副总统罗德里格斯和高官相继访俄寻求支持，甚至宣布将石油公司总部搬到俄罗斯的决定，将销售收入存在俄罗斯天然气工业银行的账户。

2019 年 3 月初，委内瑞拉发生大规模停电事故，马杜罗指责美国对该国电力系统进行“电磁攻击”，旨在制造政治和社会不稳定，逼其下台。马杜罗任命了调查网络攻击的特别委员会，请求联合国、中国、俄罗斯和古巴的支持。俄罗斯驻委内瑞拉大使泽耶姆斯基表示，俄罗斯将帮助该国恢复电力系统。俄美在联合国围绕委内瑞拉问题进行了激烈较量，俄罗斯的涉委决议被美西方否决，美国谴责委内瑞拉的决议也被俄罗斯等国挫败。

3 月 23 日，俄罗斯以履行军事合作协议为由，委派百名军事人员进驻委内瑞拉，引起国际舆论尤其是西方的关注。美国国务卿蓬佩奥表示，对委内瑞拉采取“军事行动是可能的”；美国总统国家安全事务助理博尔顿也多次表达同样的观点。

2019 年 5 月，委内瑞拉政府与反对派曾在挪威举行两轮对话，但未能就解决政治危机达成协议。7 月 8 日，委内瑞拉政府与反对派在巴巴多斯展开第三次对话，挪威继续出面协调这次对话，意在帮助委内瑞拉政府和反对派就解决政治危机达成一致方案。委内瑞拉总统马杜罗表示，这是充满希望的开端。如果对话能够持续下去甚至达成一致，将有助于缓解美国与俄罗斯在委内瑞拉问题上的对抗。

2019 年 6 月 12 日，特朗普表示，自己打算于日本举行的 G20 峰会上同普京进行会晤，但同日普京的新闻发言人佩斯科夫回复称，莫斯科尚未收到美国关于特朗普准备会晤的任何提议。普京的外交政策顾问乌沙科夫也对记者表示，普京与特朗普在 G20 峰会上的会晤依然“悬而未决”。直到 27 日，普京与特朗普会晤才逐渐明朗，定于东京时间 28 日下午两点举行 20 分钟的会晤，但美方提出的条件是，特朗普与普京的会晤必须有双方高官在场，不能进行一对一会面。

为防止再次出现被“放鸽子”的局面，这次普京是在俄方得知特朗普到了会场的情况下才出动的。双方说好谈一个小时，但是超时 20 分钟依然意犹未尽，主要谈了改善双边经贸关系以及叙利亚、委内瑞拉等热点问题。普京还邀请特朗普出席 2020 年 5 月举行的胜利日纪念活动，俄方称，特朗普做了正面回应。双方都对会晤表示满意，俄方的评价是务实和建设性的，特朗普则以一贯夸张地的口吻说“好极了”。至于下一步双方关系怎么改善，还是一个问题。

3. 冷战坚冰始消融

——怎么看朝鲜半岛局势

以美朝领导人新加坡会晤为标志，朝鲜半岛对话之窗敞开，迎来了走向和平的希望之光。美朝首脑对话，南北重启合作，朝鲜与俄日互动不断，中朝最高领导人四次会晤……政治解决朝鲜核问题似乎走上了快车道。然而，2019年2月的河内“特金会”无果而终，显示朝鲜核问题复杂多变，解决之路漫漫。

狮城相会　曙光初现

中方早就表明，和平解决朝鲜半岛核问题的钥匙在美国手中。几经波折，2018年6月12日，朝美首脑会晤在新加坡举行。在经过单独会谈、扩大会谈及工作午餐后，特朗普与金正恩签署联合声明，就建立新型美朝关系，半岛长久、稳固的和平机制，交换了意见。特朗普承诺为朝鲜提供安全保证，而金正恩也重申了他对朝鲜半岛完全无核化坚定不移的承诺。特朗普与金正恩都表示，美朝新型关系将为朝鲜半岛和世界带来和平与繁荣，也意识到，相互信任是推进朝鲜半岛无核化的关键。双方肯定，这场划时代会谈，在克服两国之间几十年来的紧张与敌对状态以及开创新未来方面，具有重大意义。特朗普和金正恩承诺，将全面、迅速地实施联合声明的内容，并承诺双方高官举行进一步会谈，履行美朝峰会的成果。

特朗普在联合声明的签字仪式上表示，美朝将建立良好关系，他一定会邀请金正恩访问白宫。金正恩则表示，朝美举行了一次具有历史意义的会晤，并决定将过去抛在身后。双方将签署历史性的文件，全世界将看到“一个重大变化”。特朗普随即还表示将停止韩美联合军演，并将在不久后宣告朝鲜战争结束。特朗普称，驻韩美军问题目前不在讨论之列，容后谈判，但表示希望未来裁减驻军以节省开支。特朗普就朝鲜完全无核化表示，金正恩已经承诺关闭导弹发动机试验场，将有包括美国和国际社会在内的许多人投入到朝鲜无核化的验证过程中。特朗普还称，金正恩已经接受他提出的访美邀请，他也将在适当时机访问平壤。不过，特朗普强调对朝制裁将在一段时间内保持不变，虽然希望朝美尽快建交，但现在为时尚早。特朗普评价称，与金正恩的会谈真诚、坦率而富有建设性，金正恩将以安全繁荣之功载入史册。

正如新加坡总理李显龙所说：“金正恩委员长同特朗普总统一起签署的联合声明，是迈出了一步戏剧性的进展，这是实现朝鲜半岛无核化和迎来持久和平与稳定的漫长征程中具有重大意义的第一步。”

幸福可谓来得有些突然。不过从会谈最终的结果来看，在双方最为关切的“朝鲜弃核”和美国提供“安全承诺”两大问题上表述模糊，这给未来对话的不确定性埋下了伏笔。达成一份“框架性”协议，符合双方各自的考虑：朝鲜已经宣布完成“国家核武力建设的历史大业”，意味着在国家安全方面有了底牌和底气，可以将发展重点转向国民经济建设，改善民生。联合国和美国制裁的“极限施压”已经使朝鲜承受了巨大的压力，迫切需要有一个喘息之机和发展空间。而特朗普承受着国内压力、民主党的掣肘，被“通俄门”等事件弄得焦头烂额，急需一场外交上的突破。双方都有对话意愿，可谓一拍即合。

释放善意　巩固成果

首次“特金会”后，双方保持了良好对话气氛，都采取了有诚意的举动。

2018 年 6 月 19 日，美韩国防部宣布暂停原定于 8 月举行的美韩“乙支自由卫士”联合军演。随即美国政府相关人士 20 日透露，在朝鲜战争时期阵亡或失踪的美军士兵遗骸将在数天之内被送还美国。特朗普 13 日回到美国后曾在推特发文，宣称“朝鲜核威胁已不复存在”。然而，朝美首脑会谈后，美国国内出现不少批评特朗普的声音，因为在联合声明中未清楚表明“无核化”的定义，这让许多人担心金正恩可能仍会暗中继续持有核武。这时朝鲜送还美军士兵遗骸无疑是对特朗普会谈成果的加持。双方快速履行相互承诺的做法为朝鲜半岛无核化后续谈判开了一个好头。

当地时间 2018 年 8 月 1 日，朝鲜归还的美军士兵遗骸抵达珍珠港—希卡姆联合基地。

特朗普和美国国务卿蓬佩奥都口头上对金正恩的去核承诺深表信心。然而，自 5 月底废除丰溪里核试验场以来，朝鲜未有进一步的弃核举措。可想而知，特朗普也承受了很大压力。6月22日，美国政府突然以朝核威胁仍在为由，延长对朝鲜制裁一年。可见，特朗普对朝言论虽然乐观，但内心也在打鼓。特朗普在白宫发布的公告中说："朝鲜半岛可用于制造武器的可裂变物质的存在和扩散风险以及朝鲜政府的行动和政策，继续对美国国家安全、外交政策和经济构成非同寻常的威胁。"这与他和金正恩会晤后的一系列说法形成对比。

与此同时，美国遵守承诺停止更多同韩国的联合军演。美国国防部宣布，无限期暂停另两个与韩国海军陆战队进行的联合训练项目，以落实"特金会"所取得的成果。叫停的美韩联合训练项目原定在未来三个月内举行。韩国国防部也表示，这是美朝峰会和韩朝峰会后的系列跟进措施之一。

朝鲜也在改变对美国的态度。6月25日是朝鲜战争爆发68周年纪念日，平壤居民以往会在这一天举行集会，开始持续一个月的反美活动。在美朝关系改善之际，2018年6月25日的平壤街头十分平静，不仅当地民众没有举行反美集会，朝鲜主要媒体也未出现批评美国的评论和报道。实际上，朝鲜在过去几个月显著降低了反美声调，为两国关系发展创造了和谐氛围，避免紧张关系升级。虽然朝鲜对美国最为关心的无核化提及很少，但也明显减少了提及"拥核"。

7月6日至7日蓬佩奥访问朝鲜，试图就朝鲜半岛无核化的一些细节进行进一步磋商。但他此行没有与金正恩会面。在7日离开朝鲜前，蓬佩奥对媒体表示，他与朝鲜劳动党中央委员会副委员长金英哲的对话是"充满成效"的，此次会谈几乎在"所有核心问题"上都取得了进展。诡异的是，朝鲜外务省发言人则在7月7日发表谈话，指责美国单方面提出了强盗性的无核化要求。对此，蓬佩奥于8日反驳称，"如果那是强盗性的要求，那么全世界都是强盗"。双方会谈结果出现了"罗生门"。

问题出在双方对"无核化"理解的偏差上。朝鲜方面认为，实现半岛无核化的"最快方式"是采取"分阶段、同步性"措施。而美方则要求一步到位,"完全、可验证、不可逆"的去核，彻底无核化后，方可解除对该国的严厉制裁。但同时，朝方发言人说对特朗普依然抱有"信心"，并指出营造双方互信氛围、以阶段性同时行动为原则逐一解决问题"才是实现朝鲜半岛无核化的捷径"。

尽管会谈并不成功，但双方依然在履行首次会晤时达成的协议。7月15日，朝美在朝韩边境板门店朝方一侧统一阁举行将军级会谈，讨论朝鲜归还美军士兵遗骸事宜。这是自2009年3月以来，朝军和"联合国军司令部"时隔9年4个月后再次举行将军级会谈。7月27日，装载美军遗骸的美军运输机抵达韩国平泽的乌山空军基地。特朗普发推文感谢了金正恩。

可以说，首次"特金会"之后，双方在落实联合声明内容上是有诚意的。但正如观察者们所担心的那样，最核心的内容推进"完全无核化"却是艰难的，口头上的互信并不代表真的信任。

进展缓慢　波澜不断

双方保持着感情的维系，然而对于"无核化"的实质问题却并没有涉及。在朝美就"无核化"问题忽冷忽热的摇摆中，美国总统国家安全事务助理博尔顿8月5日忽然宣称:"4月27日在板门店举行的韩朝首脑会谈上，金正恩向文在寅承诺实现无核化，并承诺在一年之内完成。"这表明，无核化的时间表是由朝鲜而不是美国提出来的。博尔顿之所以公开"一年内实现无核化"是金正恩的约定，旨在进一步对朝施压。

果然，美国又展开了一系列施压。先是对一家俄罗斯公司和两家中资公司进行制裁，以收紧对朝鲜的制裁；随后又暗示或重启美韩军演，并就韩国希望给朝鲜提供越来越多的经济援助项目，以存在违反联合国决议和美国制裁法令的可能性为由表达不满。

8 月 23 日蓬佩奥原本宣布将对朝鲜进行第四次访问，以跟进落实特朗普和金正恩此前在新加坡达成的框架性协议。然而仅过了一天，特朗普发推文称，他要求蓬佩奥现在暂时不要访问朝鲜，因为他觉得目前在朝鲜半岛无核化问题上没有取得足够进展。他认为，由于美国对中国的贸易立场更加强硬，因此中国不像以前那样帮助推动朝鲜无核化进程。特朗普表示，蓬佩奥期待在不久的将来访问朝鲜，而这很可能是在美国同中国的贸易问题得到解决之后。他还向金正恩致以最诚挚的问候和敬意，并称自己期待很快见到他。特朗普继续着他的反复无常，而这次又把锅甩到了中国头上。

接着，美国国防部长马蒂斯又公开宣称“美方没有计划暂停其他军演”，更是让人产生联想。这暗示“中止”军事演习是美方向朝鲜释放的善意，而不是“终止”。朝鲜需要在无核化问题上作出相应的让步，美国才会持续“中止”军事演习直至“终止”。

6月美朝首脑会晤之后，特朗普急于宣布“朝鲜核威胁已不复存”，以显示与前几任美国总统在朝鲜半岛问题上的不同成就。但是，美国的保守派并不认为特朗普做了什么伟大的成绩，只是被朝鲜蒙骗了。尽管朝鲜拆除了丰溪里核试验场以及西海岸的导弹发射基地，但与特朗普以及美国的期待还相差甚远，特朗普面临的国内舆论压力也越来越大。特朗普的对朝政策其实也没有得到自己的安全与外交团队的完全支持。蓬佩奥在无核化会谈上较为努力，即便第四次平壤之行被取消了，还是表示要继续与朝鲜保持联系和对话。而国家安全事务助理博尔顿、国防部长马蒂斯其实并不赞成对朝缓和，在朝鲜没有实现无核化之前，还是要极限施压。

美朝关系又要陷入僵局，“特金会”烧起的热度似乎逐渐转凉。但可喜的是，美朝双方领导人之间的互动还算友好，没有出现一言不合就翻脸的现象。

余温尚存　仍需加热

面对美国的施压，朝鲜依然保持着斗而不破的定力。朝鲜方面表现出了积极性。2018 年 9 月初，金正恩在同韩国特使团会面时表态称，朝方期待朝美能在特朗普任内结束长达 70 年的敌对历史，改善关系，实现无核化。金正恩还称，朝美近期在协商过程中遇到了一些困难，但朝方对特朗普总统的信赖不变，自己也从未对特朗普做过负面评价，这种信赖将来也会一直持续下去。金正恩多次阐明自己和朝鲜对实现无核化的意志坚定不移，认为发表终战宣言与削弱韩美同盟或驻韩美军撤离半岛毫不相关，对于国际社会提出的质疑予以澄清。

金正恩称，丰溪里坑道有 2/3 崩塌，已永久性地无法进行核试验。东仓里的导弹发动机试验场是朝鲜唯一的试验场，关闭该试验场意味着朝鲜将完全中止远程导弹试验。但国际社会却对朝鲜的这些具有实质性意义的举措吝于肯定。金正恩表示，期待各方为无核化谈判营造良好条件，让朝方觉得作出无核化这一决定是正确的选择，并希望韩方代为向美方转达消息。

两个领导人之间保持着互动。美国总统特朗普 9 月 9 日向朝鲜最高领导人金正恩致敬，因为后者为庆祝朝鲜建国 70 周年举行了一次“不展示核导弹的反传统”大规模阅兵。

朝方依然展现诚意。9 月 10 日美国白宫表示，特朗普总统已接到朝鲜最高领导人金正恩一封“非常正面”的信函，希望两人举行第二次会谈。白宫指出，相关协调工作已在进行中。白宫发言人说，这封信函是美国与朝鲜关系“已有进展的另一项证据”。

随着第三次“文金会”的实现，第二次“特金会”也进入实质协调阶段。9 月 24 日，特朗普与韩国总统文在寅在纽约举行会谈，就第二次“特金会”以及宣布半岛结束战争状态进行了深入讨论。文在寅称，期待第二次朝美首脑会谈能尽早举行。特朗普则回应表示，金正恩非常开放且非常优秀，他将很快公布第二次朝美首脑会谈相关事宜。特朗普评价称，朝美关系取得了很大进展。

10月7日，蓬佩奥终于访朝成行，与朝鲜最高领导人金正恩会面。蓬佩奥会后表示，美朝对话取得了进展，双方商定尽早举行第二次首脑会谈。蓬佩奥称与朝鲜讨论了弃核及相应措施，“朝美已就尽早再次举行‘特金会’达成共识”。双方就朝鲜将采取的无核化措施、美国政府参观弃核过程以及美国将采取的相应措施等进行了磋商。双方商定组建工作谈判小组，早日就朝鲜无核化进程和美朝首脑会谈日程等进行商讨。

种种迹象表明，解决朝核问题似乎又向前迈进了一步。

河内再会　无果而终

时光流转，进入2019年。金正恩在新年贺词中强调实现朝鲜半岛无核化意志，表示随时准备好与美国总统特朗普再次会面。

1月2日，在白宫举行的内阁会议上，特朗普说收到金正恩一封“了不起的”信，并表示可能与金正恩在“不太遥远的将来”再次会晤。很快，1月6日特朗普表示，美国和朝鲜正在就美朝领导人第二次会晤的地点进行协商。特朗普说，美国和朝鲜有“非常好的对话”。特朗普表示，与金正恩的首次会晤是一场重大的外交胜利，“我们确实建立了非常好的关系，我们可能要举行第二次会晤。”

1月18日，特朗普和朝鲜劳动党中央委员会副委员长金英哲举行了90分钟的会议后，白宫宣布了会面消息。特朗普在推文中写道，“期待2月底和金委员长的会面”。

2月26日，两国领导人先后抵达河内，拉开此次朝美领导人会晤序幕，世界目光再次聚焦。

2 月 27 日晚，单独会面后，金正恩同特朗普进行社交晚餐。据朝中社报道，两国人士亲密地围坐圆桌进行和气的晚餐，朝美最高首脑对新加坡峰会后两国关系取得较大进展予以高度评价，并为顺应全世界祈愿河内峰会成功的关心和期待谈出全面、划时代的结果，认真而深入交换了意见。

在 28 日正式会晤前两人简短寒暄并回答记者提问。特朗普表示，与金正恩的对话一定能取得成果，速度并不重要，他并不着急。特朗普重申，朝鲜经济潜力巨大。9 时 35 分，特朗普与金正恩结束一对一会晤，两人走出会议室。与等候在外的蓬佩奥、金英哲一同寒暄约 2 分钟，此后共同走入第二场会晤场所。按照原安排，28 日中午金正恩和特朗普将在会谈的酒店短暂进行工作午餐，但白宫发言人桑德斯随后告知记者，“工作午餐被取消了”。

当地时间 2019 年 2 月 28 日，朝美领导人结束当天 30 余分钟的一对一会谈后，在会场外散步。

28 日下午 2 时左右，特朗普在记者会上表示，此次会晤未能达成协议，他对此表示遗憾。特朗普说：“虽然宣言已经准备好了，但我还是想做正确的事情。”“这跟制裁有关。总体来说，朝鲜希望全面解除制裁，而我们不愿意这么做。”特朗普在记者会上多次称赞金正恩，也表示朝鲜经济充满潜力。朝鲜半岛无核化的进程是一个长期的过程，美国会继续推进这一进程。特朗普还提到了中国，称中国在朝鲜半岛事宜上的帮助非常大。

3 月 1 日凌晨朝鲜方面突然在金正恩下榻的酒店召开记者会。朝鲜外务相李勇浩在记者会上表示，朝鲜在朝美领导人第二次会晤中仅要求解除部分制裁，如果美方同意，朝方将永久废弃宁边核物质生产设施。如果美方同意解除部分制裁，朝鲜将在美方专家见证和双方技术人员的共同作业下永久且完全废弃宁边核设施，其中包括钚和铀生产设施。部分制裁是指 2016 年和 2017 年通过的 5 个联合国制裁决议中涉及朝鲜民生经济和人民生活的项目。李勇浩还表示，为了减少美方担忧，朝方本来有意以书面形式承诺永远停止核试验和远程火箭试射，但美方在会晤中自始至终要求朝方在宁边核设施外再追加采取一项措施，这清楚表明美方没有准备接受朝方的方案。李勇浩说，考虑到朝美之间的互信程度，这是目前朝方能够拿出的最大程度无核化措施。他强调，朝方原则性立场不会有丝毫改变，如果美方今后提出重启磋商，朝方的提案也不会改变。

毫无征兆下，第二次“特金会”就突然结束。

其实从媒体的报道上可以看出一些蛛丝马迹。特朗普将河内“特金会”无果而终的原因之一归咎于民主党搞的小动作。特朗普在推特上表示，“就在与朝鲜举行非常重要的核峰会的同一天，民主党召开公开听证会拷问被定罪的骗子和欺诈者，这可能是美国政治上的一个新低，或许是造成峰会破局的原因之一。”而另一个原因据称是因为博尔顿突然提出，美方发现了一个朝鲜从未报道过、秘密保留下来的核试验场。要求除了宁边核试验场之外，也要对这个之前不为人所知的核试验场进行全面核查。美国提出这个要求后，朝鲜方面措手不及，就以要求美国全面解除对朝鲜的制裁回应。双方于是不欢而散。

应该说在会谈之前，双方还是诚意满满的，花园漫步、会前寒暄，其乐融融。根据会谈前的报道，双方可能原计划签署《河内宣言》，在朝核问题上将有大的突破，因此各方期待都很高，而最终结果不免令许多人失望了。欣慰的是，尽管最终双方没有达成任何协议，但也没有恶语相向，双方都表示对话的大门还敞开着。

4 月 12 日，金正恩在朝鲜第 14 届最高人民会议第一次会议上发表施政讲话，表示美国强烈暗示考虑进行第三次朝美首脑会谈、通过对话解决问题，但依然回避建立新型朝美关系的根本途径——取消敌对政策问题，反而错以为极限施压能使朝鲜屈服。朝鲜媒体也不断发表抨击美国对朝政策的文章，但双方一直保持着沟通，6 月 12 日，就在第一次“特金会”举行一周年之际，特朗普声称收到了金正恩的“美妙来信”，信中内容“十分热情、友好”，并表示两人有见面的可能。10 天后，朝中社报道金正恩收到了特朗普的亲笔信，将慎重考虑信中的“良好内容”。29 日，特朗普在日本大阪出席 G20 峰会后访问韩国之际，在推特发出愿意与金正恩在板门店非军事区举行会晤的消息。朝鲜外务部第一副相崔善姬回应这一提议“十分有趣”，但朝方尚未收到正式邀请，表示朝方并未拒绝会晤。于是，30 日就发生了金正恩与特朗普的会晤，这次朝鲜领导人带领特朗普迈过三八线，特朗普成为第一个踏上朝鲜领土的美国在任总统，双方原定 10 多分钟的会晤接近一小时。这种旋风般的最高领导人会晤节奏，再次表明双方关系在曲折中摸索，在对话中前行，考验相关方的魄力、智力、定力和耐力。

兄弟情深　南北协力

朝鲜半岛问题是冷战历史遗留问题，但因各方的利益关系，目前聚焦于朝核问题。朝鲜半岛无核化，最大的利益攸关方是朝韩。文在寅总统作为“阳光政策”的传承人，一直主张与朝鲜沟通，加强经济交流，构建半岛的经济共同体。但朝核问题横亘在前，无法绕开。而解决朝核问题的“牛鼻子”却牵在朝美手中。促进朝美对话，是文在寅上台后最为关切的问题。2018 年新年伊始，金正恩在新年贺词中向南边抛出橄榄枝，文在寅抓住机遇积极回应，4 月、5 月“文金会”最终促成了新加坡的“特金会”。

首次“特金会”后，文在寅趁热打铁，积极促成对朝合作，并积极斡旋于朝美之间，采取了包括暂停军事演习、商谈铁路合作、讨论公路对接等一系列友善而务实的举动。

南北互动的高潮在 2018 年 9 月 19 日的第三次“文金会”。这一天，金正恩偕夫人前往朝鲜顺安国际机场，破例迎接到访的文在寅夫妇。文在寅与金正恩见面后，两人亲切地握手、拥抱，并 3 次贴面。随后，两国领导人共同检阅朝方仪仗队，朝方鸣礼炮欢迎。文在寅到访受到的礼遇规格如此之高，显示出朝鲜对韩国的重视和尊重，以及对双边关系改善和进一步扩大合作的期待。

为期三天的“文金会”成果颇丰，双方在 19 日签署了《平壤共同宣言》，这是继 2018 年 4 月的《板门店宣言》之后，朝韩签署的又一份重要文件。宣言提出终止军事敌对，消除战争威胁，加强经济、人文等各领域的交流合作，解决离散家属问题，实现半岛无核化等目标，为实现板门店会晤成果注入了更多实质性的举措。

此外,《平壤共同宣言》还宣布了朝韩双方要促成金正恩访问首尔。金正恩本人称，他将在不久的将来访问韩国。文在寅则表示,“不久的将来”是指 2018 年内。

高规格机场迎接，吃正宗朝鲜冷面，登“白头山”，签共同宣言，全球直播，回顾文在寅的访朝行程，凸显了朝鲜更加开放的外交，以及对半岛和平和解的诚意，还有南北的浓血真情。

9 月 23 日，韩国总统文在寅批准通过了《平壤共同宣言》和《〈板门店宣言〉军事领域履行协议》。当天上午，这两份协议的批准案在国务会议上获得审议通过。这是首份具备法律效力的朝韩首脑会晤宣言。

然而南北的积极互动让美方有些恼火。10月7日，蓬佩奥就韩朝9月签订的军事协议中将军事分界线上空设为禁飞区，使得监视朝军的美军侦察机无法出动，指责韩国事先并未向美国作出解释、没有和美国商量。

尽管如此，朝韩双方没有放慢合作的步伐。双方拆除了非军事区哨所，启动朝韩跨境铁路联合考察，举行铁路和公路对接项目开工仪式。

只需对话的一缕阳光照射过来，冻结南北关系的冰山就会不断融化。12月3日韩国政府公开了2018—2022年度韩朝关系发展基本规划及2018年度施行计划，将实现半岛无核化和永久和平明文写入规划。韩联社报道说，韩朝首脑4月签署的《板门店宣言》和9月签署的《平壤共同宣言》成为韩国政府今后5年对朝政策的基本框架。

当地时间2018年12月12日，朝韩军方当天开始对非军事区内试点拆除哨所情况进行互相检查。这是朝韩自1953年签订《停战协定》以来首次互访非军事区内的对方哨所。

但是，美国对朝制裁决不松口，朝鲜对此表示出了不满。2019 年 1 月，朝鲜《劳动新闻》发表署名评论，指出美方妨碍朝韩关系的发展，并对制裁背景下朝韩经济合作项目进展有限表示失望。评论还强调“朝韩关系绝不会成为朝美关系的附属品”。评论还指出，是美国始终未变的对朝敌对政策导致了这些限制。它还呼吁韩国独立于美朝关系，推动朝韩关系向前发展。并表示，朝韩关系的改善将导致朝美关系随之进步。

韩国则不断释放善意。军方在 2019 年 1 月 15 日最新发布的《国防白皮书》中删除了对朝鲜政府和军方的“敌人”称呼，这一举动被视为是对正在进行的和平努力的反映。

可以说，韩国对促进美朝对话，促进同朝鲜建立互信，加快经济合作倾注了极大心血。被寄予厚望的河内“特金会”不欢而散，可能最失望的非文在寅莫属。避开核问题，朝美、朝韩之间呈现出一片前所未有的表面祥和，让人们有了极大的期望。然而朝美在“无核化”上的分歧，恰似一座大山很难逾越。

4. 你方高唱我登台

——怎么看世界政坛的“特朗普现象”

以美国总统特朗普上台为标志，世界政坛出现民粹化的“特朗普现象”。巴西新总统博索纳罗被称为“巴西的特朗普”，特朗普的拥趸也乘势在欧洲兴风作浪，成为当今世界政治面临的突出挑战。

民粹为基　助推上台

2016 年 11 月，特朗普在美国总统大选中胜出，这位商人出身、毫无从政经历、名不见经传的人物成为世界关注的焦点。在人们纷纷思考是什么力量将特朗普送入白宫的时候，民粹主义这个概念也成为一个“热词”。

民粹主义是和精英主义相对的政治概念，很早就在北美地区出现，具有久远的历史传统。19 世纪中期美国内战结束之后，国家进入工业化发展的快车道，金融资本和产业资本获得大量利益，但美国偏远地区的农民群体却遭受了很大的冲击。在这种情况下，主要得到农民支持的美国“平民党”应运而生，与那些代表精英势力的政党展开角力。

当今时代，民粹主义在美国政治中的回潮则与经济全球化和 2008 年金融危机息息相关。冷战结束后，美国大力推动经济全球化，美国资本在全球寻找生产成本最低的国家和地区设立工厂，以赚取更多的利润。这一做法虽然可以给美国的资本家带来好处，但也造成就业岗位大量流失，美国的底层和中产阶层实际收入增长缓慢甚至还有所下降。贫富差距日益加剧，财富主要流入少数跨国集团和金融寡头的腰包，精英和平民之间的鸿沟不断扩大。2008 年美国爆发金融危机，美国普通民众的经济状况变得更加糟糕。此外，在全球化的推动下，美国的外来移民也不断增加，很多中下层白人民众认为自己的工作机会被拉丁裔、亚裔移民“抢走”。

在这一背景下，所谓“另类右翼”或是右翼民粹主义思潮开始在美国大行其道。2008 年，美国“国家政策研究所”的创立者理查德•斯宾塞提出了“另类右翼”（Alternative Right）概念。斯宾塞生于 1978 年，他拒绝认同 20 世纪 50—60 年代美国平权运动以来形成的一系列主流价值观，而是宣扬白人至上，主张建立白人国家，强调要为白人认同而斗争。除了排斥外来移民，斯宾塞及其核心支持者还存在反犹太主义倾向，公开质疑犹太大屠杀的真实性。“另类右翼”并不是一个组织严密的政党，而是由白人至上主义者、反全球化人士、极端反移民者、新纳粹团体等构成的一种社会运动，支持者大多是美国处于中下阶层的白人民众。

应该看到，“另类右翼”的诉求绝不仅仅是工作岗位或者是经济收益，它所宣扬的是“找回白人的尊严”，维护“白人文明”，这是一种更加深层的社会心理。正如斯坦福大学胡佛研究所资深研究员谢尔比•斯蒂尔所言，20 世纪 60 年代以来，美国所经历的是“白人内疚感”的时代，而特朗普的当选预示“白人内疚感走向终结”。在“另类右翼”眼中，马丁•路德•金等黑人民权领袖是戕害美国“白人文明”的罪魁；20 世纪 60 年代以来，非白人族群和外来移民以“政治正确”为武器，借助多元文化主义、种族和性别平权等理念不断侵害美国的“白人认同”。

由此不难看出，美国国内经济、社会和政治的深刻变化，尤其是民粹主义影响的长期化和扩大化，是特朗普在美国政坛异军突起的根本因素。支持特朗普的美国选民被右翼民粹主义思潮所裹挟，大多数人持反精英、反移民、反全球化思想，他们对自己的生活现状极为不满，一种深深的愤怒情绪驱使他们向特朗普靠近，不支持希拉里式的政治精英人物，转而选择特朗普。尤其是，不少美国中产阶层也加入支持特朗普的阵营，他们认为自己的下一代要比自己的生活还要差劲，“美国梦，或者说他们眼中的美国梦已经死亡”。

特朗普用“美国优先”概括自己的执政理念，这一理念体现出特朗普对全球化和“全球主义”式美国外交的反感。在特朗普及其支持者看来，奥巴马、希拉里等政治和商业界的“建制派”精英以支持全球化和“全球主义”为旗号，任由美国企业迁至海外，使美国国内产业尤其是制造业“空心化”；他们宣扬“自由贸易”的重要性而忽视“公平贸易”，导致美国的贸易赤字飙升，国家债务不断增高；他们宣扬全球气候变暖的危险性，进而阻碍美国国内石油、天然气和煤炭资源的开发，致使美国普通民众的生活成本上升。在竞选期间，特朗普对上述倾向于全球化的政策路线大加抨击，声称自己“不代表世界，只代表美国”，不接受“全球主义的虚假欢歌”，当政后要把美国人的自身利益放在第一位。

2017 年 1 月 20 日，特朗普在总统就职演说中再次阐述了“美国优先”的施政理念。他说，“从今天开始，只有美国优先。每一个关于贸易、关于税收、关于移民、关于外交的决定，都会为了美国工人和美国家庭的利益而做出。我们要保护我们的国界不受其他国家的破坏，他们生产了本属于我们的商品，偷走了本来要投资在我们国土上的公司，毁掉了我们的工作机会。”特朗普宣称，“我们会拿回属于我们的工作。我们会重新守卫住国界。我们会夺回我们的财富和我们的梦想。在我们辽阔伟大的国土上，我们要建立新的道路、高速公路、桥梁、机场、隧道和铁路，人民不再依靠福利，而是回到工作岗位，依靠美国人的双手、美国人的劳动，重建我们的国家。我们将遵循两条最简单的原则——买美国的商品，雇美国的工人。”

执政两年多来，特朗普总体上坚定奉行“美国优先”理念，在美国国内民粹主义社会思潮的加持下，努力突破“建制派”力量的束缚，积极打造能够落实“美国优先”理念的执政团队，在推进大规模税改、加大移民限制、减少贸易逆差、增强军力建设等方面逐步实现其竞选承诺。应当看到，特朗普的施政已展现出一定程度的连贯性，据《华尔街日报》2019年3月公布的调查结果，特朗普的支持率为46%。尤其是，共和党内部对特朗普的支持率保持在90%上下。考虑到美国民主党至今未能推举出较有影响力的总统候选人，在“通俄门”调查无法提供有力证据的情况下，特朗普在2020年美国总统大选中仍有较大的连任概率。

欧洲民粹　甚嚣尘上

近年来，除了在美国出现“特朗普现象”，欧洲的政治也出现一路向“右”的趋势。2016年以来，主张反移民、反欧洲一体化政策的法国政党“国民阵线”在国内选举中表现抢眼，特别是吸引了大量年轻选民。法国舆论纷纷用“冲击”“惊雷”来描述“国民阵线”在法国的崛起。实际上，除了法国的“国民阵线”，德国“选择党”、英国“独立党”、丹麦“人民党”、芬兰“正统芬兰人党”等右翼民粹主义政党，也都在本国选举中颇有斩获，有的甚至占据本国议会的第二大党交椅。与此同时，欧洲的很多传统大党却不断遭到削弱。不夸张地讲，欧洲的政治图景正在发生重要变化，右翼民粹主义思潮正在欧洲大陆蔓延。

总体而言，欧洲的右翼民粹主义政党通常具有“反精英”“反主流”姿态以及高度的民族主义和排外倾向，主张建立族群、血统、文化意义上的"同质社会"，它们将矛头指向少数族群、非主流的宗教信徒以及外来移民，把后者视为本国经济社会和政治危机的根源。与此同时，这些政党也普遍具有质疑"欧洲联盟"的倾向，甚至是公开反对欧洲一体化，嫌恶那些支持"更多欧洲"理念的政治精英群体。应当说，右翼民粹主义政党之所以加快崛起，主要是因为欧洲国家普通民众在经济和社会方面的不安全感日益上升。民粹主义政党最核心的策略就是利用甚至是操纵民众的恐惧。2008 年以来，在欧债危机、难民危机、乌克兰危机等多重危机的冲击之下，弥漫在欧洲社会之中的那种不安全感不断加剧。

2008 年欧洲主权债务危机爆发，时至今日这一危机仍未完全解除，正逐渐在政治层面释放其破坏性。欧债危机导致希腊、西班牙等南欧国家失业率急剧上升，特别是青年失业率普遍超过 40%。而在北部欧洲那些相对富裕的国家如德国，民众则普遍抱怨对南欧穷国的救助政策，担心本国社会福利和经济竞争力因此受到削弱。2013 年年初成立的德国"选择党"即主张以德国而非欧洲的福祉为最高利益，反对默克尔政府在欧债危机问题上"大包大揽"，用德国纳税人的钱为他国的错误政策或是懒惰埋单。

面对欧债危机，欧洲的传统大党力图保持理性，希望通过实施预算紧缩政策、推动劳动力市场改革等寻求经济再平衡，维护欧洲经济的整体稳定，尤其是避免承载"欧洲梦"的欧元区走向崩溃。然而，所有这些政策措施都不是短期内可以见效的，备受经济危机折磨的欧洲普通民众却在不断丧失耐心。于是，他们中很多人开始对极右或极左（如希腊"激进左翼联盟"）政党的主张感兴趣，并在选举中惩罚那些传统大党。

对于右翼民粹主义政党来说，不断恶化的难民危机是它们争夺选民的有力"弹药"。自叙利亚爆发内战以来，数百万来自叙利亚、阿富汗、伊拉克等地的难民持续涌入欧洲，还有大量从非洲大陆非法偷渡的“经济难民”。这场1945年以来世界最大规模的移民危机，极大加剧了欧洲民众的不安全感。一是担心政府财政被过多用于解决难民问题，从而挤占自己的养老金等社会经济福利。二是担心难民危机导致欧洲国家长期存在的族群融合挑战进一步加大，尤其是大量穆斯林的涌入。三是担心新来的难民会抢走本就数量有限的工作岗位，使欧洲国家的失业问题进一步恶化。更严重的是，在涌入欧洲的百万难民之中，有大量恐怖主义分子混迹其间。比如，近年巴黎发生的恐怖袭击事件，即与来自叙利亚的难民有关。虽然法国情报和安全机构一直在扩充力量，但远远赶不上恐怖主义嫌疑人员增加的速度，而反恐成本的大幅上升也在加重法国的经济困境。

当地时间2019年5月19日，欧洲议会选举在即，多名欧洲极右政党领导人在米兰举行集会。意大利右翼副总理萨尔维尼称要在欧洲议会选举后改变历史，让民粹主义联盟成为欧洲议会中最大的团体之一。

实际上，欧洲右翼民粹主义政党的“坐大”已持续多年，而传统大党通常认为它们不过是社会极少数不满者的代表、是“反主流”的一小撮人，然而，这种轻视正让它们付出代价。在整个欧洲，右翼民粹主义政党正在从主流政党那里争夺大量选民，包括奥地利的人民党、西班牙的社会党等。很多传统大党的国内政策出现严重失误，执政表现不佳，它们被右翼民粹主义政党描绘成腐败、无能而又冷漠的“政治精英”。与此同时，为了重新争取选民的支持，一些主流政党不得不吸收右翼民粹主义政党的政策主张。英国卡梅伦政府执政时期之所以决定举行“脱欧”公投，很大程度上是受到了反移民、反欧盟的英国“独立党”的影响。

值得注意的是，美国和欧洲的右翼民粹主义势力出现了合流的迹象。美国“另类右翼”的思想旗手、特朗普的重要智囊史蒂夫•班农在辞去白宫职务之后，在欧洲组建了一个名为“运动”的政治团体，专门支持欧洲的右翼民粹主义势力，并将办公地点设在欧盟总部所在地比利时布鲁塞尔。班农长期与英国“独立党”、法国“国民阵线”等政党的领导人保持密切关系，他在提及“运动”组织时称，这是一项“民粹主义计划”，将着力促成欧洲政坛的“地壳构造板块变化”。2019年5月，欧洲议会迎来5年一次的选举，班农等人的目标是帮助更多右翼民粹主义政客赢得议员席位，从而从内部瓦解欧盟。

博索纳罗：“巴西的特朗普”

2018年10月，巴西社会自由党总统候选人博索纳罗在总统选举第二轮投票中，以55.13%的得票率大胜左翼的劳工党候选人阿达，当选巴西1985年军人还政于民后首位极右翼总统。巴西是拉美地区大国，博索纳罗当选总统引发国际社会的高度关注。

由于秉持右翼民粹主义理念、言论行事颇多争议等因素，博索纳罗被称为“巴西的特朗普”。他于1955年出生在巴西南部城市圣保罗，为意大利和德国后裔。与特朗普一样，博索纳罗也是军校毕业生，他曾就读有“巴西西点军校”之称的黑阵军事学院。在度过10余年的军旅生涯之后，博索纳罗开始从政。1988 年当选里约热内卢市市议员，两年后当选联邦众议员，在国会工作 30 多年。特朗普虽然没有从政经历，但在 2016 年参加美国总统大选之前曾 7 次变换政党归属。博索纳罗在担任联邦众议员期间更换过 8 个党派，曾 3 次参加众议长竞选，但均告失败。

与特朗普一样，博索纳罗以“惊人之论”闻名，他针对女性、黑人、土著族群、同性恋等群体经常发表歧视性和侮辱性言论，也丝毫不掩饰对历史上巴西独裁军政府的赞扬。在民粹主义和民族主义崛起的大背景下，博索纳罗的极端言论反而为他赢得了不少支持，尤其是城市中产阶级男性。此外，正如特朗普喜欢发推特，博索纳罗也非常善于利用社交媒体。他在 2017 年被评为在社交媒体上影响力最大的巴西议员，其脸书“粉丝”量超过 700 万，是一位不折不扣的“网红”政客。

博索纳罗的当选既有必然因素，也有偶然因素。近年来，巴西经济发展持续低迷，增长乏力，民众生活艰困。政治上，腐败案件频发，执政的劳工党多位领导人陷入丑闻，造成其公信力不断被削弱。社会治安状况也令巴西民众非常不满，贩毒、黑帮等问题越发恶化，巴西平均每年超过 6 万人死于枪支暴力。

在这种背景下，博索纳罗提出的一些政策主张以及他非常强硬的政治风格，对选民形成了较大的吸引力。比如，他承诺要降低税负水平、推进国有企业私有化、严厉打击腐败、大幅减少公共债务、促进持枪合法化等。尤其是，博索纳罗喊出了“巴西优先”的口号，在处理对外关系方面主张“巴西的利益高于一切”，在竞选期间甚至还提出“巴西应退出联合国”等言论。博索纳罗还具有明显的“经济民族主义”思想，特别是公然鼓吹“中国新殖民主义”，宣扬“中国正在买断巴西”“中国控制巴西经济命脉”等不实论调。

从偶然因素看，劳工党领袖、前总统卢拉虽然长期领跑大选民调，但在大选前夕却被判刑入狱并剥夺竞选资格，卢拉所指定的候选人阿达又缺乏足够的影响力，这是博索纳罗最终胜出的重要因素。2018 年 9 月，在竞选活动正酣之际，博索纳罗在米纳斯州参加一场活动时被一名男子刺伤腹部，急救手术长达 7 个多小时，入院治疗 10 余日，成为舆论关注焦点。这一意外事件为博索纳罗赢得了不少选民的“同情票”。

值得注意的是，博索纳罗的当选还离不开美国的支持。博索纳罗是特朗普的崇拜者，与美国右翼民粹主义政治势力的关系非常密切。他不仅认同特朗普、班农等人的政策理念，还非常注重学习其竞选策

当地时间 2019 年 4 月 17 日，巴西总统博索纳罗冒雨出席建军节活动。

略。博索纳罗意欲成为拉美地区右翼民粹主义的旗手，他希望在美国方面的支持下，组织“拉美右翼大会”等，以对抗左翼政治力量。博索纳罗多次跑到美国，当面讨教竞选策略并募集竞选资金。他毫不掩饰自己的亲美倾向，声称将在当选总统后让巴西变为美国在拉美地区的坚定盟友，这与卢拉等人执政期间不唯美国马首是瞻形成鲜明对比。博索纳罗借此换取了美国方面的大力支持，特朗普竞选团队的核心成员直接负责博索纳罗的网上竞选宣传。

2019年1月1日，博索纳罗在首都巴西利亚正式宣誓就职，在就职演说中他重申了在竞选期间提出的政策主张，在宏观经济政策等方面带有明显的新自由主义色彩。2月，巴西第56届国会宣布成立，博索纳罗所在的社会自由党在国会中的势力大增，该党众议员人数从原来的8人升至55人，同劳工党并列成为众议院第一大党。在博索纳罗本人的支持下，年轻参议员阿尔科伦布雷爆冷当选参议长。这也显示出“博索纳罗效应”对巴西政坛的影响力，劳工党、社会民主党等左翼政治力量受到一定冲击。当然，执政的中右翼政党联盟内部也存在暗中较量，社会自由党自身的执政经验也很缺乏，巴西结构性问题根深蒂固，博索纳罗的执政仍将面临诸多严峻考验。

总之，博索纳罗在巴西政坛的崛起是“特朗普现象”在拉美地区的生动体现。除了在巴西，近年右翼民粹主义势力在墨西哥、哥伦比亚、哥斯达黎加等国大选中都是表现不俗，拉美多国政治“向右转”的背后既有历史传统因素，也有复杂深刻的现实成因，尤其是与美国右翼民粹主义的兴起密切相关。“特朗普现象”对拉美地区乃至整个世界的长期影响值得持续关注。

5. 分道扬镳渐行远

——怎么看美国与欧洲关系的走向

特朗普上台后，轻视欧洲盟友，多次公开发表贬低欧盟的言论，在贸易、北约军费等问题上发难，法国、德国等国领导人愤而“回怼”特朗普。美欧关系的“裂痕”不断扩大，成为当今国际秩序演变的一大特征。

欧洲直面“特朗普冲击”

从历史渊源、文化联系和社会价值观等多个层面看，美国和大多数欧洲国家都具有很强的“亲密感”。20世纪，美国参加了源于欧洲的两次世界大战，并在第二次世界大战后通过实施“马歇尔计划”对欧洲国家提供大量援助，帮助后者抵御来自苏联的“威胁”。美欧都实行资本主义制度，共同构成了西方自由民主体制。美欧关系也被称之为“跨大西洋关系”，美国和法国、德国、英国等都是盟友关系，它们在情报、军事、科技等领域长期开展密切的协作。

然而，特朗普的出现，却让美欧关系受到了前所未有的冲击。2016年在参加美国总统竞选期间，特朗普明确提出“让美国再次伟大”的口号，宣称自己将采取“美国优先”的政策路线。所谓“美国优先”，就是一切以美国人的利益为重，只做对美国有利的事情。特朗普所极力倡导的“美国优先”是和所谓“美国吃亏论”相联系的。在特朗普及其支持者看来，过去几十年，世界上很多国家包括欧洲盟友在内，占了美国太多的便宜，美国为保护欧洲的安全花费了大量的金钱，但欧洲国家尤其是德国却享受着对美国巨额贸易逆差。

2017 年 1 月特朗普正式就任美国总统。同年 2 月 14 日，仅仅在特朗普入主白宫 3 周后，欧盟委员会下属的战略分析中心就拿出一份展望美欧关系的报告，分析了特朗普执政将带给欧洲的诸多严峻挑战。报告结尾部分呼吁欧洲方面要“做最坏的打算”，同时要不懈地积极争取美欧关系保持稳定发展。事实上，特朗普政府很快就采取了一系列让欧洲国家颇为不满的政策举措。特朗普政府宣扬“公平贸易”而不是“自由贸易”理念，在上台后不久就宣告冻结奥巴马政府曾大力推动的《跨大西洋贸易与投资伙伴关系协定》谈判，并且公开点名批评德国。英国首相特蕾莎•梅 2017 年 1 月访问美国期间，特朗普对英国政府选择“脱欧”表示支持，这让欧盟大为光火。

特朗普政府对欧盟的另一巨头法国也“多有得罪”。2017 年 6 月，特朗普政府宣布美国退出《巴黎协定》，停止履行美国在减少温室气体排放方面的义务，不再按照该协定的条款向“绿色气候基金”提供资助。作为世界上最大的温室气体排放国之一，美国在全球应对气候变化挑战方面占据举足轻重的地位。奥巴马执政时期，美国在解决气候变化问题方面采取非常积极的态度，并与欧洲国家加大了协调合作。《巴黎协定》是 2015 年 12 月 12 日在巴黎气候变化大会上通过、2016 年 4 月 22 日在纽约签署的气候变化协定，该协定旨在协调 2020 年后全球应对气候变化的行动。《巴黎协定》的达成和生效可谓历经千辛万苦，法国在这一过程中作出了重要贡献，也耗费了很多资源。

然而，特朗普政府在很多政策上与奥巴马政府完全是背道而驰，尤其是其宣称实施“美国优先”的能源战略，取消了此前对美国国内不可再生能源开发的诸多限制，为煤炭、石油的开采和使用大开绿灯，对发展清洁能源几乎没有什么兴趣。特朗普政府决定退出《巴黎协定》，一是为了给自己"松绑"，为落实"美国优先"的能源政策铺平道路；二是为了"减负"，不想当"冤大头"，为其他国家应对气候变化挑战"掏钱埋单"。但是，此举却造成美国和欧洲之间的矛盾进一步上升。

在安全领域，特朗普政府也向欧洲国家施加了很大压力。第二次世界大战后，美国对苏联推行遏制政策。在美苏冷战爆发的背景下，北大西洋公约组织（简称"北约"）于1949年在美国宣告成立，这是一个针对苏联的军事集团。欧洲国家基本上都是北约成员，该组织总部设在比利时首都布鲁塞尔。在苏联解体、冷战结束后，北约开启了"东扩"进程，波兰、捷克、匈牙利等中东欧国家相继加入北约。北约既是美国全球霸主地位的象征，也是美国控制欧洲安全事务的工具。冷战结束后，美国以北约的名义，对科索沃、阿富汗等地区进行了军事干预。2017年，北约国家的军费开支为9587亿美元，其中美国军费开支约占70%。按照相关规定，北约成员国需要共同承担该组织的开支，成员国的防务开支占本国生产总值的比例应达到2%的水平。

当地时间2018年7月11日，北约峰会在比利时召开，特朗普不仅再度揪着军费议题不放，更狮子大开口要让盟友缴纳的费用翻倍，提高到GPD的4%。

特朗普认为欧洲国家不应该继续享受美国提供的“安全红利”，要求德国等欧洲国家足额缴纳“保护费”，在多个场合强调北约盟友应多承担防务费用以换取美国的安全承诺。特朗普甚至公开宣称北约是“过时的”，大有威胁解散北约之意。说到底，特朗普不愿继续为保护欧洲国家的安全提供“无偿服务”，这不符合他所坚持的“美国优先”路线。

美欧经贸　摩擦升级

为了实现“让美国再次伟大”的目标，特朗普政府将调整对外经济关系、减少美国贸易逆差作为自己的核心政策议程。第二次世界大战后，美国为了拉住欧洲抗衡苏联，不仅向欧洲国家提供了大量经济援助，还向欧洲开放了自己的巨大市场。实际上，美国之所以能够获得全球霸主地位，与它在经济上对其他国家尤其是盟友“让利”是分不开的。但是，在特朗普眼里，美国能不能获得经济利益才是最重要的。特朗普毫不掩饰地抨击欧盟是对美国利益的威胁。他说：“我认为欧盟是一个对手，尤其在贸易领域”。

在上台执政一年多后，特朗普政府在 2018 年 3 月发起了全面的“贸易战”攻势，不仅针对中国，也包括很多欧洲国家。3 月 8 日，美国基于“232 调查”结果，宣布对进口钢铁和铝产品加征关税。15 天后，美国宣布对欧盟、加拿大、墨西哥、韩国、澳大利亚等经济实体暂时豁免。4 月 30 日，在豁免期结束前，特朗普政府决定将对加拿大、墨西哥、欧盟这三大盟友的豁免权再延长 30 天。特朗普政府本打算借此对欧盟等贸易对象施压，从而迫使后者向美国做出让步。

虽然这一期间美国和欧盟展开多次谈判，但双方分歧始终难以弥合。欧盟明确反对特朗普政府的贸易保护主义，尤其是不满美国方面以所谓“国家安全理由”为借口对欧方采取惩罚性贸易措施。数十年的盟友一下子变成了美国的国家安全威胁，这让欧方颇感不满。2018

年 6 月，不顾欧洲方面的强烈反对，美国商务部宣布对从欧盟进口的钢铝产品加征 25% 的高额关税。

这一决定激起了欧洲国家的普遍愤怒。欧盟委员会主席容克对此表态称："欧盟认为美方单方面采取的关税措施是不公平的，与世界贸易组织规则不符，是赤裸裸的保护主义。"德国总理默克尔抨击美国的钢铝关税是"单边的"和"非法的"，警告这将招致欧方的报复，"到最后会伤害到所有人"。芬兰外贸与发展部长维罗莱宁在一份声明中表示，美国以威胁国家安全为由对欧盟钢铝产品加征关税，这一理由不能成立。同时，限制进口也不能解决产能过剩问题。法国经济与财政部长勒梅尔也称，美国对欧洲产品征收的额外关税"不合理而且危险"，欧洲将采取适当、统一和强有力的行动来应对。

实际上，早在特朗普政府做出决定之前，欧盟委员会就已经公布了一项决定，如果美国对欧盟征收钢铝关税，那么欧盟将对价值 28 亿欧元（约合 33 亿美元）的美国商品对等征收 25% 关税，而且不排除扩大报复行动，初步拟定的税项产品包括哈雷摩托车、李维斯牛仔裤和波本威士忌酒等美国产品。据欧盟统计，美国钢铝关税措施对价值约 64 亿欧元的欧盟出口产品造成影响。2018 年 6 月 30 日，欧盟委员会正式发布公告，对美国采取反制措施。

同年 7 月，为了缓和美欧经贸冲突，欧盟委员会主席容克访问美国并与特朗普举行会晤。最终双方发表声明，同意通过谈判降低贸易壁垒、缓解贸易摩擦，尤其是力争实现非汽车工业产品的零关税、零关税壁垒和零补贴。欧洲方面还提出进口更多美国大豆和天然气。此外，美欧同意在谈判期间暂停对彼此加征新关税。

然而，这并不意味着美欧"贸易战"的警告可以解除，达成上述目标注定是十分艰难的，美欧在此后开启的多轮谈判中展开了新的较量。2018 年 9 月，欧盟贸易委员马尔姆斯特伦与美国贸易代表莱特希泽在布鲁塞尔进行磋商，但并没有取得实质性成果，双方在很多具体问题上的分歧仍然较大。比如，美国要求欧洲能够进一步开放农业市场来增加美国农产品的出口，法国、西班牙、葡萄牙等重视保护本国农业的欧盟成员国对此持反对态度。

一波未平，一波又起。2019 年 2 月，美国贸易代表办公室发布报告，就“进口汽车是否对美国国家安全构成威胁”作出结论，并据此决定是否采取加征进口关税等限制性措施。这对欧洲国家的汽车产业无疑带来新的重大威胁。汽车出口在欧盟对美贸易中占据重要地位，也直接影响着欧洲的就业市场。据欧盟委员会估算，美方如果加征 25% 的关税，意味着平均每辆欧洲输美汽车的售价将上涨 1 万欧元（约合 11453 美元）。如果美国对欧洲汽车加征关税，对已然陷入经济困境的欧洲国家来说，必定是雪上加霜。

俄美关系 波及欧美

近年，导致美欧矛盾上升的因素还与第三方有关，尤其是俄罗斯。欧洲与俄罗斯相邻，北约“东扩”等导致欧俄关系长期不睦。乌克兰是前苏联加盟共和国，但与俄罗斯的关系较为紧张，而且还寻求加入欧盟和北约，这使得俄罗斯担心自己的安全受到西方国家的更大威胁。在这一背景下，俄罗斯与乌克兰近年多次发生冲突，经过“公投”，位于黑海沿岸的克里米亚地区脱离乌克兰加入俄罗斯。此后，美国和欧洲国家对俄罗斯实施了大规模的经济制裁和外交孤立。

然而，特朗普上台初期，却展现出要与俄罗斯缓和关系的姿态，这引起欧洲国家的不满。加之特朗普在参加美国总统竞选期间与俄罗斯方面“合作”的传闻甚嚣尘上，欧洲方面非常担心“亲俄”的特朗普为了与俄罗斯“套近乎”而不惜出卖欧洲利益。在克里米亚问题上，特朗普与其前任奥巴马的看法截然不同。特朗普曾在推特上表示，“既然克里米亚居民说俄语，那克里米亚就应该属于俄罗斯”。当然，美国国内的反俄情绪还是比较强烈的，美国民主党也一直抓住特朗普“通俄门”调查大做文章。因此，美俄关系并没有能够像特朗普预想的那样实现缓和，反倒是越发紧张。

另一件让欧洲方面大为光火的事情，是美俄围绕《中导条约》的博弈有可能将欧洲进一步推向危险境地。冷战期间，美国和苏联爆发战争尤其是核战争的风险始终密布不散。1987 年 12 月，时任苏联领导人戈尔巴乔夫在访问美国时正式签署《中导条约》。根据《中导条约》，美国和苏联废除射程从 500 公里到 5500 公里的陆基中程和中短程导弹。到 1991 年 5 月，美苏分别销毁了 859 枚和 1752 枚相关型号导弹。《中导条约》以及其他核裁军和军备控制领域的美苏协议，减轻了各国的战争恐惧，尤其是降低了欧洲地区出现核冲突的风险。

然而，冷战结束后，美俄关系在经历短暂“蜜月期”后不断下行，双方战略较量日益加剧，美国战略界萌生退出《中导条约》的想法，进而能够放开手脚，强化对俄遏制。奥巴马政府曾指责俄罗斯违反《中导条约》，却拿不出具体证据。2015 年美国媒体披露称，时任美军参谋长联席会议主席马丁·邓普西在一份报告中提出，要在欧洲和亚洲部署中短程导弹，必要时对俄罗斯发动先发制人的打击。虽然特朗普本人希望与俄罗斯修复关系，但美国政府高层有很多主张对俄罗斯用狠的鹰派人物，如总统国家安全事务助理博尔顿。

为维护美俄关系的战略稳定，俄罗斯方面曾试图劝说美国不要退出《中导条约》。2018 年 7 月，特朗普与普京在芬兰首都赫尔辛基举行峰会期间，俄方提议两国应确认继续履行军控领域的四项重要条约，除《中导条约》外，还包括《第三阶段削减进攻性战略武器条约》、“2011 年维也纳加强信任与安全措施文件”和《开放天空条约》。然而，美国方面却不愿作出明确承诺，并在 2018 年 10 月宣布将退出《中导条约》。

特朗普政府此举不仅将破坏国际军备控制体系，还将使欧洲国家承受巨大的战略压力。美国国会通过的《2019财年国防授权法案》要求五角大楼研究在欧洲部署新反导系统。此外，美国还加快在罗马尼亚和波兰等地部署Mk41导弹发射装置。显然，没有哪个欧洲国家真心希望美国在该国部署更多陆基导弹，这无疑会让本国成为俄罗斯打击的靶标。实际上，如果没有欧洲尤其是德国的反对，特朗普政府宣布退出《中导条约》的决定可能会更早。

除了在安全领域美国不顾欧洲的关切，在经济领域特朗普政府也是坚持“美国优先”，尤其是对欧洲国家和俄罗斯的能源合作进行打压。俄罗斯是世界上天然气、石油等能源储量巨大的国家之一，欧洲则长期存在能源短缺问题。从经济角度看，欧洲从俄罗斯的能源进口成本低且供应稳定。但是，美国却不愿看到欧洲和俄罗斯在这方面“走近”，也担心这类经济合作会产生不利于美欧关系的战略性影响。前文已经谈到特朗普政府推动“美国优先”的能源政策，它不仅希望美国能够实现能源自给自足，还想让美国成为全球能源市场的最大“卖家”。为了能迫使欧洲购买美国生产的液化天然气，特朗普政府对德国和俄罗斯共同建设的“北流—2”天然气管道项目加大施压。

“北流—2”项目包括建设两条天然气管道线路，建成使用后每年可以从俄罗斯海岸经由芬兰、瑞典、丹麦等波罗的海国家和专属经济区向德国输送550亿立方米天然气，管道建设成本约为95亿欧元，预计在2019年年底前投入使用。对于这一合作，特朗普出言不逊，称在能源方面德国已经成为俄罗斯的“俘虏”。2018年12月，美国负责能源资源的助理国务卿弗朗西斯·范农明确表示，美国反对“北流—2”天然气管道项目，称“该项目会对欧洲安全构成广泛的地缘战略威胁”。同月，美国众议院还通过一项决议，呼吁欧盟国家放弃建设“北流—2”天然气管道，并支持对参与该项目的德国等国企业实施制裁。2019年5月14日，美国参议院共和党议员科鲁兹和民主党议员沙欣起草了法案，拟对参与建设“北流—2”的公司和船舶进行制裁。

美欧裂痕　或会深化

除了俄罗斯因素，特朗普政府在伊朗核问题上的强硬举措也是致使美欧关系“裂痕”扩大的重要原因。中东地区的稳定对于欧洲维护自身安全非常关键，而伊朗核问题则是影响中东地区局势的重大挑战。2015 年 7 月，在欧盟等各方的艰苦努力下，伊朗与伊核问题六国（美国、英国、法国、俄罗斯、中国和德国）达成核协议。根据协议，伊朗承诺限制其核计划，同时享有和平利用核能的权利，国际社会解除对伊朗实施的制裁举措。

当地时间 2019 年 5 月 9 日，欧盟 27 国领导人齐聚锡比乌出席罗马尼亚峰会，期间讨论了伊朗核问题。法国总统马克龙表示，尽管受到美国压力，但仍需要尽一切努力来拯救 2015 年达成的伊朗核协议。

然而，对于这一来之不易的成果，特朗普政府却要彻底推翻。与奥巴马政府希望缓和与伊朗关系不同，特朗普政府采取对伊朗非常敌视的政策，尤其是推动建立针对伊朗的“阿拉伯版北约”。2018 年 5 月 8 日，特朗普在白宫宣布美国将退出伊核协议，并重新对伊朗实施严厉的经济和金融制裁。对于这一决定，前总统奥巴马表示这是一个“严重的错误”，将使整个世界更加不安全。法国总统马克龙、英国首相特蕾莎·梅、德国总理默克尔发表联合声明，对特朗普政府的退出决定表示遗憾，强调法英德三国将继续留在伊核协议内。

美国单方面废除伊核协议，不仅会导致欧洲面临新的安全威胁，还会使欧洲的经济利益遭受巨大损失。欧洲国家已经在 2016 年解除对伊朗的大部分经济制裁，伊朗大幅增加对欧洲的能源产品出口，欧洲企业对伊朗的贸易和投资活动也显著上升。为了保住伊核协议，欧盟决定继续维护与伊朗的经济合作关系。为了避免欧洲企业在美国加大对伊朗制裁过程中受到冲击，法国、德国等决定合作建立新的国际支付系统。法国经济和财政部长布鲁诺·勒梅尔公开表示，“我们希望欧洲成为一个主权大陆，而不是附属，这就意味着欧盟必须要拥有完全独立自主的金融工具。”德国外长马斯在德国《商报》撰文指出，欧盟要想继续同伊朗保持经济交往，保护欧洲企业免受美国单边主义政策的冲击，就必须要绕过现行国际支付系统，创立欧洲货币基金并建立独立的银行结算系统。

欧洲的这一举动彰显了其寻求对抗美国全球金融霸权，也表明美欧关系的“裂痕”在进一步扩大。除了要建立独立于美国的国际支付系统，欧洲国家还提出要建立独立于北约的欧洲联军。2018 年 11 月 6 日，法国总统马克龙在参加第一次世界大战结束百年纪念活动时再次提出，“我们必须加强自卫能力……只有建立真正的欧洲军队，我们才能实现自卫……不能光依靠美国”。实际上，早在 2018 年 6 月 25 日，法国、德国、比利时、英国、丹麦、荷兰、爱沙尼亚、西班牙和葡萄牙就在卢森堡签署“欧洲干预倡议”意向书，承诺组建一支欧洲联合军事干预部队，在面对可能威胁欧洲安全的情况时采取行动。对于欧洲寻求防务安全独立、打造欧洲联军，特朗普嗤之以鼻，认为“这是一种侮辱”。

更加值得注意的是，美欧关系在政治领域也在发生重要变化。一方面，近年来，欧洲地区的右翼民粹主义政治力量出现崛起态势，包括法国“国民阵线”德国“选择党”等，这些政治势力普遍采取民族主义、排外主义立场，支持反移民、反欧盟、反欧元等政策。特朗普对这类政治势力抱有好感，他的核心智囊、白宫前首席战略师史蒂夫·班农多次到欧洲发表煽动性演讲，还在欧洲成立了名为“运动”的组织，加大对欧洲右翼民粹主义政治势力的支持，鼓励他们在各自国家“夺权”。另一方面，特朗普政府对欧盟内部的“造反派”给予大力支持，尤其是波兰。波兰现任总统杜达具有较强的民族主义倾向，他在 2018 年 9 月访问华盛顿期间喊出了“波兰优先”的口号，对特朗普的“美国优先”大为赞赏。波兰还大力邀请美国在该国增加驻军，并提出要将美国基地命名为“特朗普堡”。在波兰与欧盟关系越发紧张的背景下，欧洲国家担心美国借助波兰对欧盟实施“分而治之”。

总之，美欧在经济、安全、外交、政治等多个领域的矛盾难以弥合，在特朗普政府继续坚持“美国优先”路线的情况下，欧洲方面对美国的不满和不信任感很有可能还会继续上升。当然，由于欧洲自身实力较弱，它与美国也不会真正分道扬镳、分庭抗礼，双方可能会在吵吵闹闹的过程中建立一种新的更加平衡的关系。

6. 骨牌效应似开启

——怎么看英国“脱欧”久拖不决

2016 年，英国通过“脱欧”公投，开启了“脱欧”进程，但此后与欧盟的“脱欧”谈判艰难异常，各种问题应接不暇，国内政治掣肘和民众态度让执政的保守党政府陷入困境，造成骑虎难下的局面。

英欧关系　若即若离

所谓的“脱欧”或“入欧”，是欧洲一体化语境下的特殊政治现象。从地理位置看，英国是欧洲国家，无所谓离开欧洲。从政治角度看，英国与欧洲处于若即若离状态。英国是孤悬于欧洲大陆之外的岛国，与欧洲的关系既密切又复杂，由于政治、经济、文化和地理等因素的影响，英国对欧洲大陆奉行“光荣独立”政策，一直未能与欧洲大陆融为一体。

英国是岛国，水域隔阂造成了与欧洲大陆联系的不便利，在外交上的反映就是不愿过多介入欧洲事务，自我孤立于英伦三岛。有观点认为，英国几乎从来没有真心把自己看做欧洲一分子。均势或者孤立一直都是“约翰牛”玩的把戏。但作为老牌世界大国的英国，不可能完全游离于欧洲之外，维护国家利益决定了英国不能自绝于欧洲大陆国家。鉴于此，英国在欧洲经常扮演离岸平衡者的角色。

了解英国对欧洲的纠结态度，能更准确把握英国和欧盟关系。英国参与欧洲一体化进程或入欧之旅，可以说是一波三折。第二次世界大战后欧洲一体化启动，初心是为了防止德国崛起再次祸患欧洲。时任法国外长舒曼提出舒曼计划，即建立欧洲煤钢联营，这是欧盟的雏形，欧洲一体化进程由此起航。

英国起初拒绝参与舒曼计划，不打算加入任何能对自己发号施令、凌驾于自己之上的超国家机构。英国人忧虑地看待任何欧洲的联合，因为这与英国传统政策相矛盾。对英联邦承担的义务、与美国的特殊关系，比起与欧洲大陆的联系似乎更加重要。

1960 年英欧关系迎来转折。英国决定融入欧洲，首次申请加入欧共体（欧盟前身），却吃了闭门羹，遭到欧共体成员国的反对。直到 1973 年，英国才加入欧共体。入欧两年后，英国国内“脱欧”声音越来越大，并就是否继续留在欧共体举行公投。也就是说，2016 年英国“脱欧”公投是历史的重演。不同的是，1975 年的“脱欧”公投并未通过，2016 年公投结果相反。

之后，英国继续留在欧共体以及之后的欧盟，却未彻底参与欧洲一体化进程，在部分领域甘于“落后”，处处留后手，成为欧盟的“异类”成员国，保持着特殊存在。比如英国未加入 1999 年启动的欧元体系，拒绝使用欧元，坚持使用独立货币，“非对称地”从欧盟经济一体化中享受好处。也未加入 1985 年开始边境管制一体化的《申根协定》体系。不完全成员国身份削弱了英国参与欧盟事务的话语权，也为英国“脱欧”留了后路。

“脱欧”的N种方案

2016 年 6 月 23 日，足以载入英国甚至是世界史册。这一天，英国人作出了影响其历史发展进程的选择——“脱欧”公投。公投结果是“脱欧”支持率51.89%,“脱欧”派获胜。按照有些英国舆论的说法,公投当天暴雨,许多自信满满的“留欧派”未出门投票。时任英国首相卡梅伦决定“脱欧”公投,本意是希望为英国争取更多利益,不是真正“脱欧”。无奈公投结果出乎预料,“脱欧”的游戏被卡梅伦玩脱了。

当地时间2019年5月20日,“脱欧党”领袖法拉奇在纽卡斯尔参加欧洲议会选举竞选活动,遭人泼奶昔。

公投仅迈出英国“脱欧”的一小步。“脱欧”不只是英国的内政问题,既要走国内程序,又要走欧盟程序,要经过英国高院裁决、法案过关、女王批准、英欧谈判和议会通过等冗繁程序。按《里斯本条约》规定,欧盟成员国“脱欧”,需启动《里斯本条约》第50条,正式通知欧盟“脱欧”意愿,并须在两年时间内与其他成员国完成谈判工作。在启动“脱欧”程序两年后,正式脱离欧盟。具体到英国就是2019年3月29日。届时,不论双方在“脱欧”安排上是否达成协议,英国都将脱离欧盟。如果需要延长谈判时间,则必须获得欧盟其他27个成员国的一致同意。

以何种方式“脱欧”？英国国内有不同声音，主要分为“硬脱欧”派和“软脱欧”派，各派声音都很大。所谓“软脱欧”是指藕断丝连式的“脱欧”，英国通过放弃部分边界管控权，有条件地允许欧洲移民自由流动，来换取英国部分留在欧洲共同市场，继续享受零关税带来的好处。

2017 年 6 月，英国内阁拿出长达 120 页的《英国与欧盟未来的关系》白皮书，英国舆论普遍将其解读为“软脱欧”的集中呈现。这份白皮书涵盖了英国“软脱欧”派所有基本主张，包括协调统一本国对欧盟谈判立场，将精力集中在与欧盟协商达成一系列关于工业品和农产品贸易、税则、海关则例等的共同规则，以期在英国和欧盟间建立一个“自由贸易区”（或称“共同市场”），相互间实行“便利海关安排”，以避免英国“脱欧”后丧失税务优惠和人员、货物过境便利。通过上述操作，英国既可享受到非欧盟成员的无拘无束，又可获得欧盟成员的诸多方便和优惠待遇。“脱欧”前，英国做欧盟内“超级成员”，“脱欧”后做“欧盟外的欧盟成员”。

“硬脱欧”是一刀两断式的完全切断英国与欧盟的关系，彻底脱离欧洲单一市场，依照世界贸易组织的原则与欧盟来往，英国成为传统意义上的“正常”主权国家。“硬脱欧”派认为英国留在关税同盟却不能自主退出，只会沦为欧盟“附庸”。

特蕾莎 • 梅属于“硬脱欧”一派，希望通过“硬脱欧”凝聚英国国内和党内共识。担任首相后，特蕾莎 • 梅为敉平党内分歧，组建“脱欧”内阁团队。组建内阁过程中，梅首相兼顾“脱欧”派与留欧派的平衡。在“脱欧”派中，伦敦前市长鲍里斯 • 约翰逊被任命为外交大臣，保守党成员戴维 • 戴维斯则担任新设的“脱欧”事务大臣，专门负责英国“脱欧”相关事务，保守党利亚姆 • 福克斯担任国际贸易大臣职务。在留欧派中，原外交大臣菲利普 • 哈蒙德转任财政大臣，前能源大臣安伯 • 拉德担任内政大臣，迈克尔 • 法伦继续留任国防大臣。内阁组建后，特蕾莎·梅于2016年10月初宣布，英国将于2017年3月底之前启动《里斯本条约》第50条，正式开启“脱欧”程序。

“脱欧”为何“难产”

2016年7月，入主唐宁街10号的特蕾莎·梅可能没有想到，临危受命统筹“脱欧”大计的她，接过卡梅伦留下的烂摊子，是如此艰辛。两年多时间，她游走于欧洲各国首都，为英国“脱欧”谈判殚精竭虑，被坊间笑称为“‘脱欧’专职首相”。历经“八十一难”，总算与欧盟谈妥了“脱欧”协议，却在家里“翻了车”。

英国和欧盟谈判举步维艰。英国与欧盟进行了三轮谈判，进展缓慢，新问题旧麻烦不断浮现。英欧双方谈判的焦点主要在“脱欧”费用、“脱欧”后海外公民权利以及英国—欧盟陆上边界（即英国北爱尔兰与爱尔兰边界安排）三个核心议题上。在这三个议题上，英国与欧盟各持己见，不肯轻易做出妥协，分歧严重。英国希望“脱欧”后能够维持作为欧盟成员国的大部分权益。相反，面对只想占便宜不想分担责任的英国，欧盟坚守立场，绝不退缩。

2018年3月，欧盟与英国公布了一份有关英国“脱欧”过渡期安排的协议草案，宣布已就其中大部分条款达成一致。在2018年11月25日召开的欧盟特别峰会上，英国与其他27个欧盟成员国一致通过了“脱欧”协议草案。按照此前的约定，英国正式退欧的时间点为2019年3月29日，退欧后的英国有21个月的过渡期，到2020年12月31日，英国将彻底脱离欧盟。

外界认为英欧已经正式开启“后‘脱欧’时代”，但实际进展并未如外界预料的乐观。当地时间2019年1月15日，“脱欧”协议在英国下议院以432比202票被否决。此份“脱欧”协议被英国议会否决，主要是由于英国议会反对协议中涉及爱尔兰和北爱尔兰边境问题的内容——协议中爱尔兰边界将采取“软边界”形式，英欧双方都同意要有“后备方案”，即在未能解决边境问题之前，暂时将北爱尔兰留在欧盟单一市场以及关税同盟中。反对的议员认为“后备方案”会让整个英国“无限期”与欧盟联系在一起，导致英国无法实现真正意义上的“脱欧”，并且将变相造成北爱尔兰与英国“分裂”。英国国内的强硬“脱欧”派主张设立“硬边界”。

随后，工党党魁科尔宾对特蕾莎·梅政府提出不信任动议。特蕾莎·梅政府在“不信任动议”投票中涉险过关，之后竭力展开多党派磋商，并向国会提出“脱欧”协议草案被否决后的替代计划。目前看，欧盟能作出的让步有限，已经达成的“脱欧”协议内容上不会有太大变化。英国媒体普遍认为，在短时间内拿出一套让议会满意的修改方案，并在第二次表决中获得通过，几乎是不可能完成的任务。

当地时间2019年4月10日，欧盟各成员国达成一致，允许英国延期“脱欧”至10月底。图为英国首相特蕾莎·梅和德国总理默克尔。

接下来可能的发展路线，指向恳求欧盟延长“脱欧”期限，让伦敦政府继续酝酿共识。当英国议会下院投票否决了英国政府此前与欧盟达成的“脱欧”协议，许多人开始猜测，按时在2019年3月29日之前完成“脱欧”的希望越来越渺茫。议会否决了政府“脱欧”协议，意味着按时“脱欧”已经不可能，“脱欧”完全有可能会延迟，英国甚至有可能不“脱欧”。在不推迟3月29日正式“脱欧”日期的前提下，英欧都难以及时达成新协议。2019年4月11日，欧盟同意将英国“脱欧”延至10月31日，以留出足够时间继续谈判。英国“脱欧”迟迟不“熟”，有专家认为这是要做成夹生饭的节奏。

欧盟表态　慢走不送

欧盟在英国“脱欧”问题上有“送客”之意，绝不强留。《经济学人》有一个评估，在欧盟成员国中，以德国和法国为首的7个国家属“顽固不化派”，主张对英国“脱欧”给予严惩。以意大利、西班牙为代表的12个国家属“硬骨头派”，主张英国“脱欧”就不要再回来。只有爱尔兰、瑞典等8个小国属“温和派”，主张与英国有话好好说。正如一些欧陆评论家所言，甩掉英国这个习惯搞特殊的“超级成员”殊为不易，走就走了，无须再藕断丝连地继续供着一个“无义务、有权利的编外‘准成员’”。

欧盟并不想在英国“脱欧”国内受阻情况下落井下石。“脱欧”协议草案投票结果公布后，欧盟及其成员国纷纷就“脱欧”协议遭受重挫表达遗憾及惋惜之情，但仍强调现有协议是确保英国有序“脱欧”的“最佳与唯一方案”，同时排除了短期内再度为商谈“脱欧”协议举行特别峰会的可能性，不会就“脱欧”协议重新谈判。欧盟官员确认，一旦“脱欧”协议被否决，欧盟将为推迟“脱欧”最后期限做好准备，他们希望能通过推迟“脱欧”阻止英国出现无协议“硬脱欧”的情况。

欧盟委员会主席容克2019年1月表示：“投票结果让英国无协议退出欧盟的风险加大，但我们都不想看到这种局面。欧盟委员会将继续进行预案工作，确保欧盟做好准备。”他发表声明称，已达成的“脱欧”协议是英欧双方相互妥协的结果，是公平的，也是所能达成的最好协议。这一协议是保证英国有序“脱欧”的唯一途径。欧洲理事会主席图斯克敦促英国政府“尽快明确下一步举措”。他在声明中称，欧盟将为英国“脱欧”的所有结果做好准备，包括无协议“硬脱欧”。他还在社交网站上指出，英国也可以单方面宣称不再“脱欧”。

英国下院否定“脱欧”协议后，德国总理默克尔表示，她对英国议会下院否决“脱欧”协议感到非常遗憾。英国“脱欧”协议不容重新谈判，德国仍会为英国实现有协议“脱欧”而努力。同时，德国也会为英国无协议“脱欧”做好准备。

法国总统马克龙称，目前英国面临着三种选择：一是所有人都不愿看到的无协议“脱欧”；二是与欧盟开展进一步谈判，但他也承认，“也许我们会对一两个细节进行改动，但我并不认为谈判真的会发生”；三是在“脱欧”大限方面无限延期，一方面“争取更多时间进行重新磋商”，另一方面“也会造成巨大的不确定性和担忧情绪”。

“脱欧”凸显英国深度分裂

“脱欧”协议被否决表明，政府仍未能解决英国如何“脱欧”的难题，背后体现了英国国内对英欧关系、英国与世界关系，以及政治和社会、政党之间、政党内部、地区之间、城市与乡村之间、精英与民众之间的巨大撕裂。

工党和保守党的矛盾在于英国要不要离开欧盟单一市场和关税同盟。工党希望保持成员国身份，一直没有提出明确的“脱欧”主张，只想着怎样用好“脱欧”机遇将保守党弄下台，因此“逢梅必反”。保守党要求离开欧盟，英国不能既“脱欧”又缴高额“会费”，还给欧盟当“小弟”，倾向于“快刀斩乱麻”，干干净净“脱欧”，未来和欧盟达成自由贸易和关税协议。双方就此争执不断，谁也不肯让步。

当地时间2019年4月，苏格兰首席大臣斯特金表示，苏格兰将在未经伦敦许可的情况下，于2021年5月之前开始再次筹备独立公投。

英国保守党内部在欧洲一体化议题上存在三种派别。一是中间派，希望留在欧盟但要求欧盟进行改革；二是传统派，注重自由市场经济和社会保守主义，在欧洲一体化问题上持疑欧立场；三是激进右翼，他们强烈反对欧洲一体化，支持英国退出欧盟。梅首相在“硬脱欧”和“软脱欧”之间摇摆不定，并最终拿出一份更接近于“软脱欧”立场的方案时，造成了党内不满。

就北爱尔兰与爱尔兰的边界问题，英国政府始终没有达成一致意见。北爱尔兰不希望与爱尔兰出现“硬边界”。如果英国一旦脱离欧盟，北爱尔兰与爱尔兰之间势必要出现边界与关卡（现在北爱尔兰与爱尔兰之间没有边界，因为两者同属欧盟）。而苏格兰与英国政府的对立则是更激烈，苏格兰不想“脱欧”。据民意调查，如果英国脱离欧盟，苏格兰有47%的人表示将支持苏格兰独立。北爱尔兰也有同样的问题，52%的北爱尔兰选民说在英国退欧后，他们会投票支持脱离英国加入爱尔兰。2016年公投中，整个英国都在投票支持“脱欧”，但苏格兰和北爱尔兰的选民都选择支持留在欧盟。这其实已经为现在英国内部的分裂和内斗埋下了伏笔。连一向安静的威尔士也表现出独立诉求。2019年5月11日，数千人在威尔士首府加的夫举行游行，要求威尔士独立。一些参与者表示，他们一直是威尔士独立的终生支持者，而其他人则说，因为英国“脱欧”，他们转变了态度。最近的一项民意调查显示，威尔士有12%的人支持自治。

“脱欧”也凸显了英国社会阶层矛盾和代际冲突，政治精英与社会草根之间久已存在的社会裂痕更加难以弥合。整体而言，英国人对此有两类看法：精英阶层忧心忡忡，认为英国要多年才能从“脱欧”带来的冲击中缓过来，甚至担心英国因此衰弱乃至走向“自闭”，他们对再次公投持矛盾的态度。

草根阶层则普遍支持“脱欧”，认为那些穿过英法海底隧道而来的经济移民纯粹是英国的“负担”，英国在欧盟中“贡献多获益少”，厌恶来自布鲁塞尔的“指令”，坚持联合王国的命运要掌握在自己手中，坚信再来一次公投支持“脱欧”者会更多。作为代议制民主的典范，英国正面临全民公投带来的挑战。民主的运作与民粹主义该如何划清界限，值得深思。

现在的欧洲，民族主义在抬头，加上民主政治里党派斗争的特点，英国内部在困境面前显得是一盘散沙。英国要脱离欧洲，苏格兰和北爱尔兰又想脱离英国。英国内部各个政党，议员为了党派和个人利益互相倾轧，以至于让国家在危机中越陷越深。

“脱欧”大剧　如何收场

2016年，卡梅伦将关乎英国命运的决定交给了民众，这可以说是英国民主的体现，实际上是政府不负责任的体现，酿成现在骑虎难下的局面。“脱欧”大势难以逆转，如何“脱欧”仍有悬念。

梅政府与欧盟达成的“脱欧”协议被英国议会否决，意味着梅政府主导的“软脱欧”遭遇重大打击，增加了未来英国“脱欧”进程不确定性，英国“硬脱欧”的风险加剧。对于这样的结果，欧盟方面表示尽管对此感到意外，但并不打算重启谈判。欧洲理事会主席图斯克明确表示，不可能再谈判一份新协议。

目前英国政府强调英欧自贸协定必须涵盖金融服务领域，希望保留对欧盟金融服务市场的准入特权（即金融机构只需在一个欧盟成员国申请经营执照，就可向所有欧盟成员国客户提供服务）。欧盟则表示英国退欧后北爱尔兰应留在欧盟关税同盟内，这个主张符合英国、北爱尔兰及欧盟三方的利益。下一步，英国“脱欧”方式有以下几种可能。

有协议“脱欧”。2019 年 3 月 12 日，梅政府再次将“脱欧”协议提交议会，希望获得通过。但无论是“脱欧”派还是留欧派都对“脱欧”协议草案有较大分歧，尤其是关于北爱尔兰边境问题仍是争议的焦点。在有限时间内，且在没有重新和欧盟谈判的情况下，提出一个让各方都满意的新方案，目前来看是比较困难的。

推迟“脱欧”。在各方都能满意的协议达成前，英国政府可以选择向欧盟要求延期执行《里斯本条约》第 50 条，将 2019 年 3 月 29 日这一正式“脱欧”的日期推迟，之后寻求与欧盟重新谈判“脱欧”协议。如果能够顺利延迟“脱欧”，那么就能在短期内避免“硬脱欧”的极端情况，为后续与欧盟谈判甚至举行二次公投留出更充裕的时间。

再次公投。英国重新公投决定是否“脱欧”。虽然再次举行“脱欧”公投的倡议获得越来越多的支持，但留欧民意仍不构成单边压倒性优势，并且梅政府坚决反对再次举行“脱欧”公投，同时也不支持留欧。

无协议“脱欧”。即“硬脱欧”，在“脱欧”协议未获国会同意的情况下，按原定时间 2019 年 3 月 29 日脱离欧盟。这意味着 3 月 29 日后，英国不再是欧盟一体化市场成员，并将以世界贸易组织成员的身份与欧盟开展经贸往来，英国的贸易成本将显著上升。而这是欧盟和英国都不希望出现的极端情况。英格兰银行也在最新发布的《金融稳定报告》中指出，如果英国最终无协议“脱欧”，英国或将面临比金融危机更严重的衰退。无协议“脱欧”是各方都不愿意看到的结果，不仅意味着英国和欧盟之前的谈判成果付之东流，还可能会带来更大的经济和社会风险。

7. 项庄舞剑意在谁

——怎么看美俄退出《中导条约》

2019 年 2 月，美国宣布启动退出《中导条约》程序，俄罗斯选择跟进，在美国启动退出后也宣布暂停履行《中导条约》义务。美俄两国退出《中导条约》将对全球安全产生重大影响，为国际安全增添更多不确定因素。

《中导条约》的前世今生

《中导条约》的全称是《苏联和美国消除两国中程和中短程导弹条约》，是时任美国总统罗纳德·里根和苏联领导人戈尔巴乔夫于 1987 年签署的一项条约。冷战时期美苏两国竞相研发部署导弹，东西欧地区成了中短程导弹的集中部署地，使得当时的世界安全形势特别是欧洲地区的安全形势高度紧张，基本处于战争边缘。其实，美苏两国都很清楚，一旦爆发战争后果不堪设想。为防止误判引发大战，美苏两国经过 7 年 6 轮艰苦谈判，共举行了 110 次会议，最终达成协议，签订了《中导条约》。

条约规定，美苏将按计划销毁射程介乎 500 公里至 1000 公里的短程导弹，以及射程介乎 1000 公里至 5500 公里的中程导弹，包括搭载常规与核弹头的导弹、导弹的陆基发射器。双方在这一条约规定下销毁 2600 多枚导弹。条约未明确终止日期。

该条约是美、苏在冷战军备竞赛期间一项分水岭式的协议，是战后美、苏裁军谈判历史上达成的第一个真正减少核武器数量的条约，是美、苏在内政和外交上各有所需和相互妥协的产物。该条约的签订对缓和东西方关系具有重要意义，让 20 世纪七八十年代愈演愈烈的中程导弹竞赛有所降温，保护了美国的欧洲盟友免于苏联导弹攻击的威胁，苏联也可以在与美国激烈的军事竞赛中歇口气，有助于世界和平，为核军备控制开了好头。

1987 年 12 月 8 日，美国总统里根和苏联领导人戈尔巴乔夫在白宫签署《中导条约》。

但条约所规定销毁的中短程导弹的数量，只占两国拥有的全部核武器 3%—4%，并未触其根本，亦不能动摇两国的核霸权和核垄断地位。只有美、苏实行全面大幅度裁军，才能使世界和平与安全得到切实保证。

协议签署后，美苏双方对协议偶有微词，但都坚持履约。2018 年，事情发生重大变化。特朗普指责俄罗斯破坏协议，研发协议禁止的导弹，露出退约迹象。2018 年 10 月 20 日，特朗普表示，美国打算退出《中导条约》，并称美国要发展条约限制的武器。据外媒报道，美国认为俄罗斯拥有条约不允许的导弹，具体型号是 9M728 和 9M729。按照俄方资料，这两款导弹一个射程 480 公里，一个射程 490 公里，射程都在 500 公里以下，在条约许可范围内。

针对美国退约的威胁，俄罗斯回应称，如果美国退出《中导条约》，俄罗斯将发展“独特类型的武器”。普京总统放出狠话，称如果俄罗斯遭到导弹袭击，将会使用核武器报复。2018 年 12 月，普京总统发出警告，称核战争的威胁正在上升，并表示“美国的核武政策可能导致整个文明甚至整个地球的毁灭”。

俄罗斯外交部发言人扎哈罗娃在例行记者会上说，美国正破坏《中导条约》，发动大规模宣传指责俄罗斯，该举动意在使国际社会相信美国执意退出《中导条约》是俄罗斯违反条约所致，这种做法与事实不符，美方试图将责任推卸给俄方的行为是不可接受的。2018 年 11 月，俄罗斯副外长里亚布科夫表示，美国准备退出《中导条约》的原因不在于所谓的俄罗斯“违约”，而在于该条约不利于美国维持其军事优势地位。

2019 年 1 月，俄美在日内瓦就《中导条约》举行磋商，双方未能谈妥。美国负责军备控制和国际安全事务的副国务卿汤普森表示，“未能与俄罗斯取得任何新进展，也没有看到俄罗斯有顺从的迹象”。参与谈判的俄罗斯副外长里亚布科夫则强调，俄方严格遵守《中导条约》。他表示，“美方没有适当考虑俄方关于挽救条约和避免新军备竞赛的建议”。

2019 年 2 月 1 日，美国白宫宣布，将从 2 月 2 日起暂停履行与俄罗斯签署的已有 30 多年历史的《中导条约》，并启动退出程序。白宫还宣布，除非俄罗斯重新遵守条约，销毁所有违反条约规定的导弹、发射架及相关装备，否则该程序将在 6 个月内完成。同日，北约声明称“全力支持”美国暂停履行《中导条约》的决定。声明说，除非俄罗斯履行条约规定的义务、对其所有 9M729 型陆基巡航导弹进行可核查的销毁，在美国正式退约之前恢复全面、可核查的履约，否则俄罗斯将对条约的终止承担全部责任。美国及北约将“球”踢给了俄罗斯，但实际上明知俄罗斯不会答应，只是做姿态而已。

2月2日普京表示，针对美国宣布退出《中导条约》的做法，俄罗斯将采取对等回应措施，也将暂时退出这一条约，他要求未来不要再提议就此问题举行会谈。退约引来美国国内部分人士的担心。美国国务院前发言人约翰•柯比认为，该条约初衷“并非旨在解决美国与苏联的所有问题”，而是“旨在为欧洲大陆的战略稳定提供保护措施”。他认为，特朗普宣布退出的决定，可能会让美国的欧洲盟友感到不安。

5月30日，普京向俄罗斯议会下院国家杜马提交了暂停履行《中导条约》义务的法案。6月16日，国家杜马批准了该法案。6月26日，议会上院批准该法案。7月3日，普京签署法案，正式暂停履行《中导条约》。不过，俄罗斯并没有把恢复履行义务的大门关闭，目前只是暂停，如果美国愿意继续谈判、继续履行条约的义务，那么俄罗斯也会恢复承担自己的义务。与此同时，俄罗斯频频试射各种导弹，意在把美国逼回谈判桌，但是美国对此没有做出反应，反而继续加强自己的超级武器研制。

欧洲的安全隐忧

针对美俄打算退出《中导条约》，国际社会反应不一。2018年，俄罗斯向联合国大会提交维护条约决议草案，呼吁美国继续遵守《中导条约》。联合国大会以43票赞成、46票反对、78票弃权，否决了俄罗斯提交的有关支持维护《中导条约》的决议。美国、加拿大、乌克兰等均投了反对票，中国、越南、伊朗等国投了赞成票。

《中导条约》规定的中程导弹主要涵盖欧洲大陆，废除条约引起欧洲各国的高度关注。《中导条约》对于地缘位置微妙的欧洲而言，有着重大的安全意义，它使得装有核弹头的巡航导弹远离欧洲大陆30多年。在部分欧洲国家眼中，30多年前《中导条约》的诞生，既被看作美国在对苏战略竞争中的重要胜利，也因美国在条约中为欧洲盟友承担义务而作出牺牲，被视为大西洋关系的蜜月信物。如果条约被废，欧洲可能成为美俄中短程导弹的竞技场。欧盟认为,《中导条约》对于欧洲安全非常重要，希望美国和俄罗斯都不要退出条约。解决办法是重新谈判协议，而不是废弃协议。

德国总理默克尔对外表示，"我们需要将自己的命运掌握在自己手中"，德国仍将在6个月内继续与俄罗斯就《中导条约》进行对话。她表示，谈判的窗口应该保持开放。无论如何，她将尽一切努力在6个

当地时间2015年3月21日，美军防空反导弹部队在波兰境内与波兰防空部队一同进行"爱国者"防空导弹系统的部署演练。

月内再次让对话成为可能。法国外交部发表声明，对美国宣布启动退出《中导条约》程序表示遗憾，呼吁欧洲和有关各方维护现有的常规军备和核军备控制条约。声明说，在美国为期 6 个月的退约程序期间，法国将与北约盟国密切协商，鼓励与俄罗斯继续进行深入对话。法国总统马克龙积极呼吁打造“欧洲军队”，减少自身防卫对美国的依赖。

当然，欧洲对于美俄退出《中导条约》也有不同声音。英国在第一时间“坚决支持”特朗普的退约决定，认为既然俄罗斯毁约在先，美国也没必要单方面履约。欧盟的东欧“模范成员国”波兰也迅速表达了“同情”。波兰总理表示，虽然希望美俄继续留在《中导条约》内，但考虑到俄罗斯屡次涉嫌违约，对美国的决定表示“理解”。波兰总统杜达甚至表示，一旦条约终止，波兰欢迎美国在其国土上部署中程导弹。

危险时代即将来临?

《中导条约》的重要性在于消除了美俄在战略武器领域“短兵相接”的手段，大大缓和了欧洲紧张局势。可以想象，一旦美俄重启军备竞赛，冷战后一度大大缓和的世界安全局势将再次紧张。《中导条约》只要被废弃，世界各国不管乐意不乐意，都会开发导弹，对准潜在敌对国家。为平衡美国威胁，俄罗斯可能在其领土西部增加部署中短程导弹，甚至可能在其盟国部署相关系统。美国及其盟友与俄罗斯的新一轮军备竞赛一触即发。

《中导条约》是冷战产物，它阻止了美苏及北约和华约爆发大战甚至核战的可能。《中导条约》被废，美俄重新交替部署先进武器装备的可能性大大上升，可能还将竞相发展部署各类更先进的武器装备，进行激烈对抗，在军事全领域较量。

俄罗斯会在其西部、西北部、北部边境地区优先部署武器，以威慑美国及北约国家。而美国则会向欧洲特别是靠近俄罗斯的前沿地区国家部署中短程导弹和其他类更先进的进攻与防御性武器系统。双方将处于军事上相互威胁、政治上相互打压、外交上相互指责的长期斗争状况，美俄关系将进一步恶化，影响地区或世界安全形势发展。

美国退出《中导条约》，可能导致世界处于“次冷战”状态。退出《中导条约》造成的影响不仅局限于美俄在军事领域的对抗，还将涉及政治、外交、经济斗争。随着较量升级，美俄的盟友甚至友好国家都有可能被迫卷入。在欧洲、中东、亚洲等热点地区，可能会形成以美及其盟国、友好国家为一方和以俄罗斯及其盟国、友好国家为另一方的对抗局面，也就是说，美俄的势力延伸到哪里，哪里就可能出现类似“冷战”式的对抗。但这种对抗不会像过去冷战时期那么严厉，双方可能处于既对抗又合作的“次冷战”状态。但对抗会大于合作，双方在军事、政治、外交上相互对抗、围堵、打压，在经济上会继续有合作，如俄罗斯向欧洲国家提供能源等不会中断。因世界多极化、经济全球化的发展势头不可阻挡，美俄对抗也不会发展到打世界大战的程度。

现有相对平衡的世界安全格局可能被打破。尽管每年全球都有许多武装冲突、局部战争以及恐怖袭击事件发生，但世界整体安全形势没有大起大落，安全局势始终处于可控范围，世界安全格局也相对处于稳定平衡的状态。退出《中导条约》，意味着美俄没有约束，为战胜对手，两国都要大力发展并部署包括中短程导弹、核弹在内的各类先进武器装备，甚至还可能武装盟国，将会对世界安全格局造成冲击。

对美国来说，中短程导弹只有大量部署在欧洲特别是欧洲东部地区，才能对俄罗斯本土纵深构成最大威胁，多数欧洲国家虽然目前不愿意甚至反对美国向欧洲部署，但俄罗斯一旦在其西部边境地区部署，对欧洲国家形成重大现实威胁，这些国家自然也就不会再反对美国的主张，并有可能主动从美国购买武器进行防护。同时，为对俄罗斯南翼构成威胁和与俄罗斯争夺中东地区主导权，美国还可能在中东地区部署中远程导弹。

对于俄罗斯来说，美国的势力发展到哪里，俄罗斯就会跟进到哪里，否则会处于被动，如针对美国及北约向乌克兰、波罗的海三国渗透，俄罗斯则积极与白俄罗斯等独联体国家密切合作，予以应对。针对美国在中东地区部署导弹，俄罗斯会在伊朗、叙利亚等国部署同类武器，威胁驻中东地区美军。双方有可能在各自盟国部署更多类别的先进武器。除此之外，两国还会频繁在上述地区单独或联合盟国举行大规模演习等军事行动，以显示实力，相互威胁。美俄交替强化地区军事力量，螺旋式升级对抗强度，长此下去，势必会使地区力量平衡遭到破坏，安全格局自然也就会被打破。

国际局势可能处于混乱状况。美国退出《中导条约》，俄罗斯也不会再继续遵守，失去条约的限制，只要经济条件允许，美俄两国将竞相发展军事力量，其他国家特别是热点地区的盟国将会纷纷效仿，大量研制生产或购买先进武器。如在欧亚地区，乌克兰、格鲁吉亚、波罗的海三国、波兰、罗马尼亚及德法日等与俄接壤或邻近的国家将率先发展军事力量，扩大部队规模；白俄罗斯作为俄罗斯的盟友可能允许俄罗斯在其领土部署导弹部队，或自己增加部署同类军事力量。在中东地区，伊朗为对付美国、以色列、沙特，可能进一步扩大导弹部署规模。为防范伊朗导弹攻击，沙特、以色列除加强部署导弹防御系统外，也将大量发展中远程导弹等进攻性武器；印度与巴基斯坦之间也有可能效仿美俄，发展中短程导弹，以占据军事对抗的优势地位。

综合分析，美国退出《中导条约》，肯定会引发俄美新的激烈较量，对世界安全形势和经济发展均会带来极为不利的影响，甚至可能引发新的冲突或局部代理人战争，后续情况需密切关注。

中国需要妥善应对

《中导条约》被废后，世界将进入中短程导弹力量竞相增加且加快升级换代的时期，世界大国重新评估国际安全风险，大国之间对什么是“安全”也会重新定义，整个国际关系有可能因此受到牵连。美俄相继退出《中导条约》，对国际安全的影响不言而喻，这种影响也会波及中国。

北约秘书长斯图尔滕贝格曾毫不掩饰地表示，北约支持《中导条约》的扩大化和国际化，这样就可以限制中国。欧洲也普遍希望《中导条约》能够更加国际化。《中导条约》国际化，其真实目的和背后意图之一，就是想把中国拉进条约，企图以新的国际条约方式，约束和限制中国中程导弹的发展。2017 年 12 月，特朗普也曾发推特公开表示，他将和中俄领导人共同讨论军事发展问题，以结束大国之间大规模和失控的军备竞赛。2019 年 5 月 3 日，特朗普与普京通电话时再次表示，希望把中国拉入这个进程。

对中国来说，最直接的负面影响有三个。一是华盛顿已经动了将《中导条约》多边化的念头，这可能成为美国向中国施压的新动因。二是失去条约约束后，美国会变本加厉地在中国周边部署攻击性导弹力量和反导系统，进一步强化对中国战略安全的挑战。三是中国是不受《中导条约》限制的国家之一，近年来在这一领域发展很快。美国真正退出《中导条约》，会利用强大的军事技术，发展中短程导弹，中国在这一领域继续面临新的挑战，必须准备自己的对策。

8. 我之“陷阱”你“馅饼”

——怎么看西方鼓噪中国“债务陷阱”

热衷发明和炒作各类新名词向来是美国和西方媒体的惯用伎俩，“中国债务陷阱”就是近来的热词。西方舆论认为，随着“一带一路”建设的推进，中国对外投资日益增多，使当事国背上沉重的债务负担，被迫以出让部分国家主权偿还中方贷款。真相究竟如何呢？

“中国债务陷阱”的新帽子

2018 年 5 月，哈佛大学向美国国务院政策规划办公室提交了一篇关于中国的报告，旋即被国际舆论大肆炒作。在这篇报告中，美方别出心裁地炮制了所谓的“中国债务陷阱”论。报告有模有样地列举了 16 个国家，妄称中国通过贷款的方式与这些国家开展捆绑式合作。由于当事国缺乏偿债能力，不得不向中国出让部分国家主权。西方媒体闻风跟进解读，宣称中国故意向发展中国家提供无力偿还的贷款，用“债务陷阱”为本国谋求战略利益。

近年来，“陷阱”成为国际社会的高频词。从流传甚久的“中等收入陷阱”，到新近热炒的“修昔底德陷阱”，再到“金德尔博格陷阱”，各种“陷阱”让人目不暇接，映照了国际政治的复杂性。每个“陷阱”

的背后，都有特定的所指。例如，哈佛大学的报告在所举事例中指出，斯里兰卡将汉班托塔港拱手让给中国，中方建设汉班托塔港怀有军事意图，以此为“中国债务陷阱”的论调提供佐证。

改革开放40多年来，中国与世界关系不断深化，成为世界和平的建设者、全球发展的贡献者、国际秩序的维护者。中国为人类社会发展作出的巨大贡献，得到国际社会的广泛认可和高度评价。然而，如何看待中国的发展，西方一些势力始终选择用有色眼镜来观察，刻意将中国的国际形象扭曲。中国处于发展起步阶段之时，西方宣扬“中国崩溃论”。中国进入快速发展时期以后，西方又开始炒作“中国威胁论”。当中国发展成为世界第二大经济体，正努力以自身的发展为其他国家的发展创造更多更大的机遇，西方则处心积虑地炮制了“中国债务陷阱”论。

全球债务问题的真相

当今世界，各国的债务增加是普遍现象，已经跨越国界成为全球性问题。数据显示，全球债务总规模现已达到了创纪录的247万亿美元，其中政府债务为63万亿美元。据2018年的统计，2017年全球GDP总量为81万亿美元。换言之，各国总的债务规模已经是全球GDP总量的3倍，政府债务则占到80%。可以说，债务问题是亟待破解的全球性重大难题。

西方媒体大肆炒作发展中国家的债务问题，实质上掩盖了全球债务的真实情况。其实，相比发展中国家，发达国家的债务问题更为严重。当前，大约1/3的发达经济体债务占GDP比重高于85%。根据国际货币基金组织等权威机构的测算，美国国债余额已经创下21.9万亿美元的历史新高，而该国GDP总量约为20.8万亿美元。单单就政府债务而言，美国债务与GDP的比率就已经超过105%。日本的债务规模居全球第二，占到本国GDP的239%。意大利的负债则为GDP的

132%，希腊则已攀升至 200%。发达国家的高额负债问题，早已引发经济学家对未来国际金融秩序稳定的担忧。

全球范围内，造成债务问题日益严峻的原因错综复杂。归结起来，主要是国际金融危机以后，西方国家带头实施量化宽松政策，全球资金流动性增加，诱发债务危机。此外，一些国家在财政支出上大手大脚，寅吃卯粮，最终导致债台高筑。当然，按照经济规律，一国产生必要的债务，反而有助于刺激经济增长。但是，债务的规模必须保持在合理的范围内，否则，就会成为国家发展的沉重包袱，拖累经济的稳定发展。历史经验表明，当一国的发展处于繁荣时期，债务问题可以被经济高速增长所消化。当前，在全球经济增长乏力的情况下，债务持续激增，其占全球 GDP 的比重呈现进一步扩大的趋势。按照专家的分析，全球现在每新增 6 美元的负债大概才能增加 1 美元的 GDP，当初 1 美元债务就能推动 1 美元 GDP 增长的景象早已一去不返。

全球产业变革和技术革命方兴未艾，世界有望迎来新一轮增长周期。然而，现今经济发展的新动力仍在孕育之中。各国的经济增速逐渐赶不上债务增速，潜在风险日益累积。尤为严峻的是，当前各国已是“你中有我，我中有你”的命运共同体，一国债务问题早已超出国界范围。任何一个链条因债务发生断裂，最终无疑是全球经济跟着遭殃。

缘何是中国“背锅”

在债务问题成为全球关注焦点的背景下，为何发展中国家的债务问题格外受到国际舆论的关注？此前，欧洲国家主权债务危机闹得沸沸扬扬，但从未有任何媒体报道将之与所谓的什么“陷阱”联系在一起。此外，在西方媒体眼中，对于发展中国家的投资来源而言，西方国家的资金简直就是香饽饽，而来自中国的投资就变味成了“陷阱”。

近年来，“一带一路”建设进展顺利，成为深受国际社会欢迎的公共产品和互利共赢的合作平台。中国企业走出去投资兴业的步伐加快，对外投资的规模呈上升趋势。《2018 世界投资报告》显示，2017 年全球对外直接投资流量为 1.43 万亿美元，年末全球投资存量 30.84 万亿美元。其中，中国对外直接投资流量和存量分别为 1582.9 亿美元和 1.8 万亿美元，占全球流量和存量的 11.1% 和 5.9%，对外投资流量排在美国和日本之后，位居全球第三，而对外投资存量则处于全球第

2018 年 9 月由北京城建集团承建的马尔代夫维拉纳国际机场新跑道全面完工，结束了马尔代夫不能空降空客 A380 的历史。

二位，仅次于美国。“一带一路”倡议源自中国，属于世界。自始至终，中国倡导与沿线各国秉持共商共建共享理念，携手推动“一带一路”建设，共同造福各国人民。然而，西方国家偏偏爱戴着有色眼镜看待“一带一路”建设。起初，集体唱衰“一带一路”建设，妄说一些项目缺乏可行性。随着“一带一路”建设稳步向前推进，早期收获项目的积极效应日益显现，西方国家的舆论又出现转向，攻击中国怀有战略目的，试图恢复所谓的“朝贡体系”，通过投资控制沿线国家的主权。在西方不遗余力渲染中国在“一带一路”建设上的战略目标的背景下，“中国债务陷阱”这样的奇谈怪论就应运而生。

第一，西方炒作“中国债务陷阱”，竞夺对外投资影响力的意图不言而喻。中国参与对外投资的能力增强，为广大发展中国家提供了新的投资来源。以往，发展中国家主要从世界银行等机构获取贷款。众所周知，世界银行等机构由美国等发达国家控制。急需资金的发展中国家若想获得贷款，不得不按照西方开出的药方调整经济结构，从此就陷入被西方指手画脚的境地。如今，发展中国家获取资金的渠道多元，无形中减少了对发达国家的依赖。发展中国家的发展自主性增强，拥有了另外的选项，西方国家失去了任意干涉发展中国家内政的一大利器。所以，西方国家千方百计抹黑中国对外投资。

第二，西方炒作“中国债务陷阱”，指责中国背后隐藏着战略意图。西方国家指责中国设置债务陷阱，认为中国有着不可告人的战略考量。澳大利亚前高官曾表示，中国让太平洋小国背上沉重债务，真实目的就是为了控制这些国家。近年来，中国与太平洋岛国的合作日益密切，引起了澳大利亚明里暗里的各种抵制。路透社发表过一篇报道，文中揭示了澳大利亚缘何对中国与太平洋国家的合作争风吃醋的奥秘。报道指出，“澳大利亚一直在批评中国的一些援助项目。毕竟，长期以来，澳大利亚是将太平洋视为自家后院”。有分析指出，澳大利亚确实一直是太平洋地区国家最重要的援助来源国。不过，2017 年中国对太平洋地区提供的援助资金超过澳大利亚 4 倍之多，澳大利亚极为担心本国在该地区的影响力被中国取而代之。显而易见，债务问题被西方某些政客拿来当作遏华的工具。

第三，西方炒作“中国债务陷阱”，背后反映出中西方两种截然不同的发展理念。西方国家提供对外援助向来附带各种苛刻条件，将贷款与所谓的人权、政治透明度等指标挂钩。然而，西方国家自身制定的贷款标准，往往只能让大多数发展中国家望梅止渴。如果发展中国家能达到西方国家设定的标准，根本就不需要西方的投资进行国家建设。中国坚持不干涉内政原则，对外投资和援助从不附加任何政治条件。按照与各国互利共赢的原则，对外投资领域主要涉及道路、港口等基础设施领域。这些领域的项目带有生产性质，投资金额高，收益周期长，注重短期回报的私人资本鲜少涉足，因而主要以政府投资为主。中方与其他发展中国家的互利合作方式独特，有别于西方长期坚持的对外投资模式，这被西方媒体归结为造成债务负担的原因。

当地时间2016年11月13日，巴基斯坦隆重举行由中国投资的瓜达尔港开航揭幕典礼。巴基斯坦总理谢里夫主持了开航仪式。

从西方炒作“中国债务陷阱”的手法来看，明显带有移花接木的障眼法。经常被拿来引证的案例，主要是个别“一带一路”重大项目，例如，巴基斯坦的中巴经济走廊项目，马来西亚的东海岸铁路项目，斯里兰卡的汉班托塔港等。以西方媒体集中炒作的汉班托塔港来说，报道与真实情况严重不符。2017年，西方舆论歪曲渲染斯里兰卡以10亿美元的价格把汉班托塔港租借给中国99年。当时，知名的国际媒体《纽约时报》就曾有过报道，文章甚至使用“胁迫”来炒作斯里兰卡“被迫”因债务问题签订城下之盟。作为传统的主流媒体，《纽约时报》不时被美国总统特朗普调侃为“造假”报纸。暂且不论

《纽约时报》历次报道的真实性，单就汉班托塔港的报道来说，这确实是一次假新闻。其实，斯里兰卡政府只是向中资公司转交汉班托塔港口的经营权，绝不是出让国家主权。此外，就这笔投资资金的性质而言，并非中斯两国政府间的债务协定，而是按照市场规则运营的企业投资行为。

长期以来，每逢涉及中资的项目一旦有风吹草动，西方舆论就会捕风捉影妄加猜测。“中国债务陷阱”论问世以后，西方国家又有了对中资项目进行品头论足的一个新视角。然而，当事国又是怎样看待“中国债务陷阱”论的呢？

当事国纷纷为中国“摘帽”

西方指责中国使某些国家落入“债务陷阱”，这一说法却遭到当事国直接打脸。在哈佛大学发布的报告中，菲律宾是被点名可能陷入中国“债务危机”的国家之一。2018 年 11 月，菲律宾财政部长多明格斯公开重申，来自中国的资助不会使菲律宾陷入“债务陷阱”。多明格斯形容那些批评“中国债务陷阱”的言论者是“不明就里的”，同时坚称批评者的推测是“毫无依据的”。多明格斯进一步解释说，“如果包括 2018 年的融资项目，我们对中国的项目债务预计只占我们总债务的 0.65%。即使杜特尔特政府于 2022 年结束时，如果‘大建特建’计划的大多数融资申请都成功的话，对中国的债务将只占预估总数的 4.5%，而我们向日本的借贷将占预估总数的 9.5%。”

在西方舆论的鼓噪下，肯尼亚媒体盛传该国或因“拖欠”蒙内铁路的巨额债务而失去对蒙巴萨港口的控制权，在国内引发一定程度的质疑。不过，肯尼亚政府有关人士明确表示“没这回事”。肯尼亚港务局总经理丹尼尔·曼度库日对媒体坦称：“不存在失去港口的风险。事实上，我们还具备提前还贷的能力。”肯尼亚总统肯雅塔则直言有关猜测纯属无稽之谈，以致无奈地对刨根究底的记者表示，“如果你们还不相信，肯尼亚与中国的合同副本，明天我就可以给你看，你找找有没有支持你观点的证据。”

2017 年 5 月，中国承建的蒙内铁路通车，预计将为肯尼亚 GDP 带来 1.5% 的增长，肯尼亚将在 4 年左右还清项目贷款。

中国坚持按照市场规律办事，企业是对外投资的主体。“一带一路”建设只有 6 年多的时间，而发展中国家的债务问题由来已久。显然，西方国家将“债务陷阱”扣在中国头上绝不公平。根据斯里兰卡央行统计，2017 年来自中国的贷款仅占斯里兰卡外债的 10% 左右，其中 61.5% 是低于国际市场利率的优惠贷款。斯里兰卡官员早已公开表示，汉班托塔港没有所谓“债务陷阱”问题。实际上，1985 年以来，斯里兰卡的债务占 GDP 比重长期保持在 70% 以上，最高时达到 89.41%。巴基斯坦政府的数据同样支撑这一结论，该国 42% 的长期债务来自国际多边机构贷款，中国贷款仅占 10%。中国向巴基斯坦提供的优惠贷款利率约 2%，远远低于西方国家的贷款。

不难看出，西方将“债务陷阱”的帽子扣到中国头上，明显是故意“张冠李戴”。“这只是部分西方国家嫉妒的声音！”吉布提丝路国际银行行长盖迪坦率的回应，有力批驳了西方观点的荒谬。盖迪接受采访时直言，中国的投资并未让吉布提产生债务危机，“实际上，美国比中国更早进入吉布提，但直到现在美国为吉布提做了什么呢？几乎没有。中国到了吉布提后，与吉布提合作建设港口、从埃塞俄比亚到吉布提港的铁路、输水管道以及国际自由贸易区。”津巴布韦主流媒体《先驱报》2018 年 9 月刊登题为“美国对中国‘债务陷阱’的哗众取宠”一文，指出非洲欢迎来自中国的投资，而美国不但好管闲事，还是“债务陷阱”的始作俑者。这篇报道可谓一语中的，揭示了“债务陷阱”的本来面目，澄清了针对中国对外投资的不实指责。

事实上，中国的投资对发展中国家提供了巨大的发展助力。太平洋国家萨摩亚总理兼外交部长图伊拉埃帕主动批驳了关于“中国债务陷阱”的无端指责，对中国长期以来对萨摩亚提供发展援助表示诚挚感谢，称赞中国为萨摩亚提供了澳大利亚所不能提供的援助。图伊拉埃帕还批评了所谓要中方免除债务的言论，认为“这就好比‘要了牛奶还要奶牛’”。

和衷共济才是良方

当前，世界发展失衡现象突出，南北差距呈现拉大的趋势。广大发展中国家面临艰巨的发展任务，改善民生任重道远。的确，西方发达国家刻意炒作发展中国家的债务问题，明显是在有意转嫁责任。当然，不容否认的是，债务问题已成为全球的一大顽疾。债台高筑的发达国家已经在拆东墙补西墙，广大发展中国家则同样深受其扰。相对而言，发展中国家的家底薄，债务问题若蔓延恶化，势必造成严重的后果。如前所述，债务问题的产生原因复杂，由多方面因素所致，需要多管齐下才能有效解决这一问题。

首先，坚持在发展中解决债务问题的正确思路。关键是要增强发展中国家的内生动力，提高自主发展水平，依靠经济增长降低债务风险。发展中国家资源丰富，人口众多，发展潜力巨大。但是，基础设施的落后，导致难以将自身的资源优势转化为发展优势。各国应当加大吸引投资的力度，着力加强基础设施领域项目建设，增强自主发展能力，为改善民生提供助力。

其次，加快改革完善全球经济治理体系。有分析指出，非洲等发展中国家比较集中的地区债务问题严重，背后有着复杂的历史背景和现实情况。从本质上来看，债务问题不只是经济金融领域的问题，也是不公正、不合理的国际经济秩序的产物。发展中国家应积极参与全球经济治理变革进程，提高自身的国际地位和话语权，在国际经济、金融政策制定等方面维护自身的合法权益。

再次，制定实施科学合理的财政政策。发展中国家的财力有限，财政预算的制定应当与国家发展水平相符合。按照经济规律设计重大发展项目，避免盲目大干快上，造成国家财政超额负担。对此，有专家指出，政府贷款行为最终取决于国家本身的抉择，各国贷款前应制定好本国的借款规范和准则，增强防范债务风险的意识。

最后，国际社会应当携手解决债务问题。当前，债务问题已经成为全球普遍问题，并威胁全球经济长期可持续增长。各国之间的联系日益密切，一国债务问题的外溢效应不断增强。在全球事务中，各国政府应该着力好解决本国债务问题，同时加强全球宏观经济政策协同。对于主要经济体而言，更应当携手合作，帮助发展中国家实现经济增长，降低债务问题的不利影响。

西方国家炒作“中国债务陷阱”，既是抹黑打压中国的无理之举，也无助于解决发展中国家的债务问题，更无助于实现国际社会的共同发展。国际货币基金组织和世界银行等机构的统计数据均显示，国际金融危机爆发以后，中国对世界经济增长的贡献率超过 30%，成为全球发展的关键引擎。况且，中国对外援助从不附加任何条件，攻击中国以对方无力还债为由，试图对当事国进行某种形式的控制更是无中生有。正如中国外交部发言人所指出的，在中国的合作伙伴中，没有哪个国家因为与中国合作陷入债务危机的。在迄今出现的所谓“债务危机”中，没有哪个是中国引起的。国际社会的有关方面应当“不要在别人埋头建路时自己忙着去‘挖坑’，而应与中方一道，真心实意地为其他国家的发展多做好事和实事”。

9. 你争我夺水涨高

——怎么看大国在非洲的博弈

美国特朗普政府出台对非洲新战略，声称要加大对非投入力度。美国对非洲慷慨以待，是心血来潮的一时之举，还是投棋布子的战略谋划？又将对大国在非洲的博弈产生什么样的影响？

美国的新非洲战略

执掌白宫近两年后，美国特朗普政府终于揭开了对非战略的面纱。2018 年 12 月 13 日，美国总统国家安全事务助理博尔顿在以保守主义意识形态著称的智库“传统基金会”发表演讲，对外公布了美国的新非洲战略。博尔顿声称，美国对非洲地区的愿景是“独立、自力更生和增长，而非依赖、支配和债务”。博尔顿念念不忘特朗普政府奉行的“美国优先”理念，强调该战略“仍然忠实于特朗普的核心竞选承诺，即把美国人民的利益放在首位，无论在国内还是国外。我们做出的每一个决定，我们奉行的每一项新政策，以及我们投入的每一美元援助，都将促进美国在该地区的优先权。”

博尔顿的演讲还透露，美国的新非洲战略聚焦三个层面。一是经济层面，加强与非洲国家的经贸合作，与非洲国家签署更广泛的双边经贸协议，支持美国企业对非投资，实施“繁荣非洲”计划；二是对外援助层面，强调更有效利用美国援非资金，设定对非洲援助“优先国家”；三是安全层面，强调继续打击“伊斯兰国”等极端组织在非洲地区的活动等。

冷战结束以后，非洲在美国外交议程中日渐处于边缘位置。作为第一位非洲裔美国总统，奥巴马在任期间只是偶尔回非洲“探亲”，被外界视为美国忽略非洲的佐证。无论是奥巴马执政时期，还是特朗普上台以来，美国政府对非洲事务的关注和投入均十分有限。迄今，美国仍未向一些非洲国家派驻大使。特朗普政府下令减少对非洲至关重要的卫生项目的援助，削减非洲青年领袖倡议项目 1/3 的名额，该倡议旨在资助非洲年轻人赴美交流学习。此外，五角大楼还宣布将减少在非洲执行反恐任务的美国军队数量。更有甚者，美国总统特朗普曾将非洲国家称为“茅坑国家”，引起非洲国家不满和国际社会侧目。

不难看出，美非关系的发展呈现弱化的总体态势。然而，美国新非洲战略的出台，彰显了非洲在美国全球战略布局中地位的提升，预示着美国将增加对非投入。2019 年 1 月，以打击恐怖主义为名，美国和索马里、肯尼亚等国家在地处东非之角的吉布提举行联合军事演习。本次为期一周的军事演习，实则炫耀了美国在非洲的军事存在，表明美国的新非洲战略并非完全是干打雷不下雨。特朗普政府参与国际合作向来锱铢必较，实施以加大对非投入为核心的新非洲战略，葫芦里到底卖的什么药？

美国缘何忽然又开始重视非洲，答案可从新版的美国《国家安全战略》之中找到蛛丝马迹。该报告开门见山地指出：“美国当前国家安全战略的首要关切是国家间战略竞争而不是恐怖主义。”由此推论，美国高调宣布重视非洲，无非是从大国博弈的视角出发，而非是真正帮助非洲国家走向繁荣。概而言之，美国的新非洲战略旨在实现两大目标。

一是以援助为手段拉拢非洲国家，拼凑美国在非洲的铁杆支持力量。2018年10月5日，美国总统特朗普签署了《国际发展投资法案》，正式组建新的海外投资机构，为美国私营部门在非洲等全球低收入地区的国家投资提供贷款和保险等支持，初期拨款600亿美元，重点帮助当地兴建基础设施和发展经济。至于如何分配使用这笔资金，美国选择“看人下菜碟”。设定对非援助“优先国家”，根据各国与美国关系的亲疏远近来确定援助对象和金额。博尔顿毫不掩饰地指出，那些在国际场合投票反对美国的国家或在行动上违背美国利益的国家，“都不应获得美国慷慨的援助”。可想而知，美国此举必然是在数十个非洲国家间厚此薄彼，无异于将造成非洲国家的分化和对立。

二是遏制中俄两国在非洲的影响力，重振美国在非洲大陆的声望。博尔顿在演讲中明确指出，美国的“非洲战略”直指中俄两国，声称中俄正在非洲迅速扩大金融和政治影响力，“蓄意且积极地将投资集中在该地区，以获得对美国的竞争优势。”他妄言中俄在非洲的举措是“掠夺性的”，认为“阻碍非洲经济增长，威胁了非洲国家金融独立，抑制了美国投资机会……对美国国家安全利益构成了重大威胁。”一些美国议员捕风捉影地断言，中国已经在吉布提建立军事基地，距离美国重要军事基地仅有几公里。美国驻非洲军队最高司令官托马斯·沃尔德豪泽甚至称，如果中国控制吉布提港口的使用权，可能会影响美国在当地军事基地的补给和海军舰艇的燃料补充。

对非新战略的出台，标志着美国在非洲的战略关切将由反恐转向大国竞争。不过，加大对非洲的援助和支持，可能只是特朗普政府口惠而实不至的官宣。近年来，美国政治极化现象日益严重，党派缠斗不断加剧。特朗普本人虽财大气粗，上台后修建美墨边境墙却一直无钱，控制众议院的民主党在拨款方面设置重重障碍。一气之下，特朗普宣布联邦政府关门停摆，创造了史上最长的政府停摆纪录。由于受立法授权和资金来源不足等因素的掣肘，特朗普政府能有多少真金白银可用绝非其一厢情愿能定。美国财政赤字高企，大型基建项目还停留在纸上，承诺给非洲的投资和援助很可能只是一张空头支票。

中非合作迈入黄金时代

美国的新非洲战略矛头指向中国，意在抗衡中国在非洲日益增强的影响力。归根结底，主要在于美国抱守强烈的冷战思维，嫉妒和警觉中非关系的快速发展。当今世界，中国是最大的发展中国家，非洲是发展中国家最集中的大陆。无论国际风云如何变幻，中非合作始终坚如磐石。进入21世纪以后，以中非合作论坛为重要平台，中非关系驶入发展的快车道。2018年9月，中非合作论坛北京峰会暨第七届部长级会议在北京成功举行，会议以“合作共赢，携手构建更加紧密的中非命运共同体”为主题。本次峰会创下了中非合作交往史上的新纪录，共有54个论坛非洲成员代表与会，包

在中非合作论坛北京峰会上，中国提出将向非洲提供600亿美元支持。

括40位总统、10位总理、1位副总统以及非盟委员会主席等，非洲各国正部长级高级官员多达249位。中国和非洲国家领导人见证签署的各类合作协议近150份，凸显了中非合作的领域之广、程度之深、成果之实。会上，中国国家主席习近平宣布，中国将同非洲共同实施产业促进、设施联通、贸易便利、绿色发展、能力建设、健康卫生、人文交流、和平安全“八大行动”。峰会通过了《关于构建更加紧密的中非命运共同体的北京宣言》和《中非合作论坛—北京行动计划（2019—2021年）》两个重要成果文件，为打造新时代的中非命运共同体规划了具体方向和路径。

当前，非洲已成为积极推进“一带一路”建设的领先板块。在峰会上，28个非洲国家和非盟委员会同中方签署共建“一带一路”合作文件，掀起了又一波支持参与“一带一路”建设的热潮，扩展了“一带一路”的国际朋友圈。一大批“一带一路”重点项目在非洲陆续落地生根，开花结果，给当地民众带来了实实在在的利益。2018年1月1日，中国中铁和中国铁建联合建设的亚吉铁路正式投入运营。该条铁路起点是埃塞俄比亚首都亚的斯亚贝巴，终点是吉布提首都吉布提市，全长752.7公里，设计时速120公里，是完全采用中国设计、中国装备、中国施工、中国运营的电气化铁路，属于“一带一路”建设的标杆项目。“一带一路”倡议与非盟“2063年议程”高度契合，二者有效对接将激发中非合作的巨大潜力。2018年中非贸易额达到2050亿美元，同比增长20%，显示出中非合作的广阔空间。中国与非洲各国开展合作始终坚持“真实亲诚”原则，树立了国与国相处的典范。参加峰会的非洲领导人高度评价中非合作，由衷感谢中国迄今为帮助非洲摆脱贫困、实现可持续发展作出的巨大贡献，认为非中关系进入了“黄金时代”。“八大行动”的付诸实施，将进一步推动中非合作换挡提速，加快实现非洲各国的可持续发展，助力大幅改变非洲面貌。

大国对非关系的升温

中非合作如火如荼开展，带动了国际社会对非投入。除了美国扬言加大对非投入外，其他大国深化同非洲合作的态势愈发明显，出现了纷纷在非洲追赶中国的奇特现象。国际舆论认为，冷战结束以后，美欧等国长期忽视了非洲蕴藏的发展潜力，从而将非洲置于本国全球战略的边缘位置。随着中非关系的升温，美欧等才如梦方醒，重新发现了非洲大陆不可估量的价值。

一是非洲局势保持总体向好的态势。战乱、贫穷、疾病等，曾一度是非洲的代名词。近年来，非洲的恐怖主义活动仍处于多发期，少数国家内部政局动荡时有发生。不过，非洲整体上保持了稳定的发展势头。尼日利亚、肯尼亚等国经受住了大选的考验，“逢选必乱”的现象有所改观。此外，非洲国家的基础设施建设不断完善，铁路、公路、港口、水电等基本条件初步具备。非洲国家总体形势的好转，为各国拓展与非洲的经贸合作提供了利好条件。

二是蕴藏着丰富的资源能源。非洲的发展虽然相对落后，但却是一块富饶的大陆。非洲探明的石油储量约占世界的12%，拥有近2/3的全球矿产储备，以及超过半数以上的黄金、钴和钻石，包括大量的铀、锰和铬等矿产储备。其中，钻石储量占世界的60%，刚果（金）的金刚石产量居世界第一位。非洲蕴藏着丰富的各类资源能演，支撑着包括新兴经济体在内的各国工业化进程。

三是拥有巨大增长和消费潜力。非洲人口规模庞大，现有12.56亿人口。按照非洲平均每个妇女一辈子生育4.66个小孩的数据推算，非洲人口到2050年预计将翻倍，增至25.7亿。随着生活条件的逐步改善，非洲人均寿命呈现上升趋势。在撒哈拉以南非洲，人均寿命已经达到60岁，北非国家的人均寿命则超过70岁。在非洲的人口结构中，年轻化是占据主导地位的态势。数据表明，未来 20 年，10—24 岁的非洲人口占比将超过 30%。到 2025 年，全球 1/4 的 25 岁以下的青年人将会是非洲人。非洲适龄劳动人口规模可观，每年大概有 2000 万青年人进入就业市场。相对而言，非洲劳动力成本较低，适合劳动密集型产业投资。非洲潜藏的巨大人口红利，意味着将来有更充足的劳动力、更广阔的消费市场。

2018 年 9 月 5 日，塞内加尔总统萨勒在结束了中非论坛的行程后，率多位部长到访阿里巴巴，会见马云并探讨合作。

四是非洲的国际影响力不容小觑。目前，非洲共有 54 个国家为联合国成员国。非洲又被称为联合国的“大票仓”，是国际舞台上的一支重要力量。非洲一体化进程不断加快，非盟自身建设日趋完善。非洲“用一个声音”对外发声，在气候变化、全球治理变革等重大议题上具有不容忽视的国际话语影响。日本、印度、德国、巴西等积极谋求成为联合国安理会常任理事国的国家，极为看重非洲拥有的投票权，千方百计拉拢非洲国家为本国投下支持票。

总体而言，非洲大陆蕴藏的巨大发展潜力正在不断释放。非洲已成为全球增长最快的地区之一，部分国家的增长率甚至已跻身于世界前列。世界银行的统计数据显示，非洲是过去 10 年中经济增长第二快的地区，年均国内生产总值增长 4.6%。非洲被誉为发展的热土，占据全球产业链和供应链的重要一环，受到国际社会的青睐。正是瞅准非洲的战略价值，世界大国争相加强同非洲的关系，昔日被遗弃的大陆成为国际社会追捧的明星。

相比美国而言，法国在非洲大陆的影响更为根深蒂固。作为曾经的“宗主国”，法国的影响力在法语非洲国家的政治、经济、社会等方方面面“无孔不入”。法国人习惯用一句话形容本国与法语非洲国家的关系：没有非洲，法国便成为一辆没有汽油的汽车；没有法国，非洲便成为一辆没有司机的汽车。法国通过财政支持、派驻政府顾问等多种方式，插手法语非洲国家的内政。随着其他大国争先恐后涉足非洲，法国的感受就如同别人动了自家的奶酪。为了扭转本国在非洲影响力式微的态势，法国日益加强对非关系。2019 年 3 月，法国总统马克龙访问吉布提、肯尼亚、埃塞俄比亚等非洲国家，开启上任两年多来的第三次访非行程。马克龙政府制定出台了一系列对非合作政策措施，涵盖教育、反恐、援助、就业等诸多领域。不过，法国正面临内忧外

当地时间 2018 年 7 月 2 日，法国总统马克龙抵达毛里塔尼亚首都努瓦克肖特，参加非洲联盟第 31 届首脑会议，并就地区安全问题和非洲萨赫勒五国（毛里塔尼亚、尼日尔、布基纳法索、乍得、马里）领导人进行会晤。

患的严峻挑战，开展对外关系受到多方掣肘，重振本国在非洲的影响力心有余而力不足。

除了法国以外，英国和德国等欧洲大国也纷纷向非洲国家伸出橄榄枝。英国曾经号称“日不落帝国”，在全球范围内建立了包括众多非洲国家在内的殖民地。时至今日，英国仍念念不忘在非洲大陆重寻昔日帝国的荣光。2018年8月，深陷“脱欧”困局的英国首相特蕾莎·梅访问南非、尼日利亚和肯尼亚三国。舆论认为，此次非洲三国之行是为了展示英国在世界上的地位，加强同非洲国家的传统联系，着眼塑造“脱欧”后英国的全球伙伴关系网络。就在英国首相访非之际，德国总理默克尔则踏上了塞内加尔、加纳和尼日利亚等西非国家的土地。巧合的是，双方均将尼日利亚作为出访对象国。尼日利亚是非洲大陆耀眼的新兴经济体，但苦于受“博科圣地”等恐怖组织的袭扰。既有发展潜力，又有安全挑战，尼日利亚的现实可谓非洲当前局势的一个缩影。英、德两国领导人同时出访该国，显示出欧洲国家在拓展与非洲国家贸易、投资等领域合作的同时，也重视开展安全领域的合作。作为欧洲区域一体化的主要载体，欧盟也在积极寻求从整体上深化欧洲与非洲国家的关系。欧盟委员会主席容克表示，欧盟计划与整个非洲大陆签署自贸协定，建立未来5年为非洲创造1000万个就业岗位的投资联盟。目前，拟议中的欧非贸易协定若变为现实，将进一步促进两大洲之间的合作。

冷战时期，苏联曾大力支持非洲民族解放运动。苏联解体后，俄罗斯与非洲的关系趋于弱化。克里米亚事件的发生，导致俄罗斯受到西方国家集体制裁。俄罗斯全球战略布局调整，非洲国家重新成为俄罗斯积极争取的合作对象。同其他大国相比，俄罗斯既无传统的宗主国优势，也无雄厚的经济实力提升与非洲的经贸合作水平。因此，俄罗斯与非洲国家的合作主要体现在军事、能源等方面。不过，俄罗斯也在努力推动俄非关系朝多元化方向发展。俄罗斯已经与埃及签署双边协议，合作建设能创造7万多个就业岗位的工业园区，吸引拥有合适产业的企业入驻。2018年7月，俄罗斯总统普京在金砖国家峰会上表示，俄方已经具有举行俄罗斯—非洲峰会的设想。

❖当地时间2016年8月27日，日本首相安倍晋三出席在肯尼亚首都内罗毕举行的第六届东京非洲发展国际会议开幕式。

日本在非洲的大国博弈中显得低调，却是用功极深的一个国家。1993年，日本政府主导创办了东京非洲发展国际会议，打造了援助和投资非洲的合作平台。从2016年开始，东京非洲发展国际会议由5年一届改为3年一届，显示出日本加大对非合作力度的迹象。在当年的会议上，日本宣布将在3年内向非洲投资300亿美元。日本不惜血本加强同非洲的合作，除了经济利益考量外，还有多重的政治盘算。其中，两点最为突出，一是通过援助支持非洲发展，树立日本积极正面的国际形象，二是寻求非洲国家支持日本谋求联合国常任理事国席位。

传统意义上的大国争相强化在非洲的存在，印度、韩国、马来西亚等新兴经济体也纷纷拓展与非洲国家合作。其中，印非关系的发展尤为抢眼。2008年，印度正式创办印非论坛峰会，搭建了印非合作的机制化平台。印度在非洲原设有29个使领馆，与印非关系快速发展的现实不相匹配。为此，印度总理莫迪 2018 年宣布将在非洲增设 18 个使领馆。新德里电视台的报道披露了印度此举的指向，意在与中国在非洲竞夺影响力。印度对发展与非洲的关系信心满满，引以为豪地强调联结双方的“历史纽带”。印度与非洲隔印度洋毗邻而居，民间交流历来频密。目前非洲约有 300 万印度后裔，成为印度与非洲开展合作的重要依托和联系纽带。舆论指出，为了对冲“一带一路”在非洲的影响力，印度和日本还联合推出了“亚非走廊计划”，力图建造从东亚至非洲广阔空间地带的基础设施联通项目，打造泛非电子网络、工业走廊、通信网络和电力网络等。

非洲国家自主选择发展模式

经济或战略利益的争夺，往往是大国博弈的目标所在。然而，以美国为代表的西方国家此番强化与非洲的关系，为大国博弈注入了新的元素。如前所述，美国宣称要与中国在非洲展开竞争，一个冠冕堂皇的理由就是抗衡中国模式的影响力。美国国务卿蓬佩奥曾公开表示，美国的经济外交政策将在非洲发力，以驱除中国在非洲的影响力，让非洲采用美国的经济发展方式和政治模式。有分析指出，西方国家历来喜好用自己的价值观标准去观察和衡量非洲。当非洲国家在人权、治理等方面不能达到所谓的“西方标准”时，就会动辄被扣上“失败国家”等帽子。在开展经贸合作交往过程中，尤其是提供对外援助之时，西方国家还把自身的经济运作模式强加给非洲国家。按照西方国家的逻辑，中国对非合作日益密切，也一定有输出中国模式的考量。为了坐实对中国输出制度模式的指责，美国还借用了“债务外交”的称谓，指称中方将对非洲国家的贷款转化为政治影响力，污蔑中国在非洲大陆“将资本武器化”，利用债务打造以中国为模板的经济世界秩序。

西方国家的无端指责，其实是犯了以己度人的错误。中国从不输入外国模式，也从不输出中国模式。中国国家主席习近平强调，中国在对非合作中坚持做到“五不”，即：不干预非洲国家探索符合国情的发展道路，不干涉非洲内政，不把自己的意志强加于人，不在对非援助中附加任何政治条件，不在对非投资融资中谋取政治私利。可以说，“五不”原则是中非关系不惧风雨、历久弥坚的根本原因，也是中非合作欣欣向荣、长盛不衰的“独家秘籍”。中国与非洲各国同属发展中国家，彼此在经济社会发展、扶贫减贫等方面面临相似的发展任务。中方与非洲国家开展治国理政经验交流，加强发展战略对接，其目的在于增进彼此了解、相互学习借鉴，有助于更好地实现共同发展。中非治国理政经验的交流，绝不是单方输出制度模式，而是分享交流成功的发展理念和经验。经过40多年的改革开放，中国取得了举世瞩目的发展成就。中国自身的发展经验表明，任何一个国家采用的制度模式，只有符合本国国情才是长久之道。在中国发展经验的启示下，非洲国家正努力探索适合本国国情的发展道路，而不是照搬照抄某种制度模式。

大国应携手助力非洲发展

大国竞相发展与非洲的关系，无疑有可能使非洲成为大国博弈的牺牲品。历史上，大国争霸导致非洲国家相互对立，冲突不已。非洲国家深受常年动荡战乱之苦，错失了发展的宝贵机会。跨入21世纪，非洲总体上进入来之不易的和平稳定发展时期。部分非洲国家的GDP增长率都在4%以上，呈现出积极的发展态势。面对大国纷纷加大对非投入的新局面，非洲大陆是否重新上演大国争霸的悲剧，成为当今国际社会关注的焦点。

非洲大陆富有发展潜力，理应是各国合作的大舞台，绝不应沦为大国博弈的竞技场。从非洲国家的角度来说，大国对非洲大陆的关注升温，可谓千载难逢的发展契机。对此，几内亚比绍的发展经济学家卡洛斯·洛佩斯表示，世界各大国青睐非洲，这给非洲人带来了更大的回旋余地。但是，非洲国家期望的是合作，而非选边站队，更不希望沦为大国竞争的筹码。正如卢旺达总统卡加梅所言，多边主义对全球未来至关重要，非洲的大势是加强而不是减少合作。

发展是繁荣稳定的基石，贫穷是恐怖主义的温床。多年来，非洲是恐怖力量滋生地，索马里青年党、尼日利亚“博科圣地”、伊斯兰马格里布基地组织等臭名昭著的本土恐怖组织不时兴风作浪，制造恐怖袭击事件，成为威胁非洲大陆安全的毒瘤。随着中东反恐进程的推进，曾参与“伊斯兰国”等恐怖组织的极端分子四散逃逸，非洲就是其中一个重要的流向地。内外恐怖力量的合流，加剧了非洲地区的反恐严峻形势。只有大力提升非洲国家经济社会发展水平，才是消除恐怖主义威胁的治本之策。

总的来看，非洲国家的经济发展正处于上升阶段。大多数非洲国家经济发展水平如今仍处于欠发达状态，贫困人口多，未来发展任务艰巨。一旦某些非洲国家陷入内乱，势必产生大量难民。从历史上看，非洲难民主要涌向欧洲国家。欧洲国家饱受叙利亚等国难民的困扰，若再增加新的难民，必将增加财政负担，导致国家治安状况恶化。此外，非洲年轻人口众多，就业岗位需求巨大。如果非洲保持发展，创造充足的就业岗位，就能解决本地就业问题。否则，数量庞大的非洲人流向其他国家寻找就业机会，容易给有关国家带来移民管理的难题。显而易见，非洲保持稳定发展的态势，不仅有利于增进非洲人民的福祉，也是国际社会的福音。

2019 年 4 月 2 日，面对国内长达数月的大规模抗议示威，阿尔及利亚总统布特弗利卡被迫让出已坐上 20 年的总统宝座。无独有偶，仅仅 9 天之后，已经连续执政长达 30 年的苏丹总统巴希尔被军方解职。

两个非洲国家接连出现政局突变，再次引起国际舆论对非洲局势的关注。分析认为，导致两国政局动荡的原因虽然有所不同，但国内都面临经济发展不振、民生日渐凋敝等问题，民众对政府不满加剧，“要面包”等诉求形成排山倒海的抗议示威浪潮。两国政坛易主将不可避免产生外溢效应，考验着其他非洲国家的治国理政能力。由此可见，非洲稳定发展的局面还带有一定的脆弱性。大国若是卷入非洲国家内部纷争，借此谋取一己之私，只能让非洲局势再度陷入动荡，稳定发展更将无从谈起。

零和思维的对抗性竞争，并非大国相处的唯一之道。美国前总统卡特曾撰文就中美两国关系的走向指出，“双边合作的最便捷途径是在非洲大陆实现美中与非洲的合作，有助于彼此消除不信任并重建至关重要的双边关系。”中国始终奉行独立自主的和平外交政策，坚持不结盟的战略方针，发展对外关系不针对第三方。中国不谋求争夺势力范围，无意与包括美国在内的任何国家在非洲竞争主导权。

无论是对于传统大国，还是对于新兴经济体而言，非洲的未来发展走向何方，都在考验着各国的良心。非洲曾为全人类的发展作出了独特贡献，国际社会有责任和义务助推非洲国家的发展。当今的世界大国应当摒弃对抗思维，真正把非洲国家当做发展的伙伴，切实尊重非洲国家的主权和意愿，充分发挥各自优势，开展互利合作，帮助非洲国家实现发展。非洲国家实现长治久安和繁荣发展，将有力推动构建人类命运共同体的崇高事业向前发展。

10. 剑拔弩张恩怨深

——怎么看乌克兰局势走向

2019年4月，乌克兰选出新总统泽林斯基。然而，刻赤海峡冲突、俄乌宗教分裂等事件令俄乌关系进一步恶化，俄美围绕乌克兰局势依然明争暗斗，乌克兰局势要走稳不容易。

刻赤海峡博弈　“草船借箭”正急

2018年11月25日，乌克兰海军3艘小艇组成的编队从敖德萨军港出发，计划穿越刻赤海峡前往马里乌波尔港。乌克兰海军编队在刻赤海峡外海遭遇俄罗斯边防海警舰队拦截，在相互冲撞后，俄罗斯舰艇开火，乌克兰3艘舰艇以及23名士兵被俘。

乌克兰总统波罗申科在事件发生后召开内阁紧急会议以及国家安全和国防委员会会议，提议乌克兰进入“战争状态”。随后，乌克兰与北约举行紧急会议，并呼吁美国和欧盟国家提供军事援助，加强对俄罗斯制裁。乌克兰议会在26日批准总统及国家安全和国防委员会提议的戒严令，宣布在乌克兰东部“可能遭遇俄罗斯军事打击”的地区施行为期30天“战争状态”。波罗申科称，情报显示俄罗斯即将大举入侵乌克兰。

冲突爆发后，乌俄各执一词，相互指责。乌方认为，乌克兰舰船拥有“自由航行权利”，并且3艘舰船从敖德萨开往马里乌波尔是常规行动，俄方攻击乌克兰舰船，意图为入侵乌克兰领土制造借口，破坏乌克兰主权领土完整。俄方认为，乌方舰船未按照既有规定提前通报，强行闯入俄罗斯领海，并故意制造冲突，旨在挑起民族主义情绪，为波罗申科赢得第二年总统大选提供助力，并为拒绝俄罗斯观察员监督大选寻找借口。从地区局势乃至大国全球博弈角度看，刻赤海峡冲突不是单一事件，而是2014年以来俄乌矛盾不断升级的延续，更是乌克兰国内政治矛盾外溢的结果。

当地时间2018年11月25日，一艘船停在刻赤海峡大桥下方，阻止其他船只通过刻赤海峡。

刻赤海峡是连接亚速海和黑海的关键通道，对于俄乌两国来说都有重要的战略和经济价值。苏联解体后，俄乌在亚速海划界问题一直未能达成协议，俄罗斯实际控制刻赤海峡也是两国屡次摩擦的原因之一，2002—2003年甚至差点爆发战争。2003年，两国签署协议，模糊地将亚速海认定为“俄罗斯与乌克兰的内水”，并规定舰船通过海峡的技术条件，船只通行前需向俄方管理部门报告航线和目的地，以获得通行许可。2014年，克里米亚经由全民公投脱离乌克兰并入俄罗斯，俄方于2016年开始建设连接克里米亚和俄罗斯南部克拉斯诺达尔边疆区的刻赤海峡大桥，并在2018年5月通车。刻赤海峡大桥通行高度仅为33米，通行宽度只有100多米，实际上限制了乌克兰大型舰船在此海域的通行，双方矛盾进一步激化。

从发生的时间、过程及各方反应来看，刻赤海峡冲突并非是一起偶然事件。2018年9月，乌克兰舰船按照俄方规定，事先通报获得许可，并由俄方领航员领航穿越海峡，过程顺利。11月冲突事发后，美欧虽然对俄罗斯进行了批评，但并未介入冲突，也没有加重对俄罗斯制裁力度。特朗普取消G20峰会期间与普京的会晤，在很大程度上是迫于国内政治压力；美国对乌克兰在冲突发生后做出的相关承诺也并未超出原有态度。从俄方来看，乌克兰问题走势总体上仍在其控制之内，俄美关系虽没有明显改善的迹象，但总体算平稳，加之俄美首脑即将在G20峰会举行会晤，俄方似无主动挑起冲突的动机。

故此有国际媒体认为，此次冲突可能与乌克兰内部政局变化有一定关联性。首先，试图缓解俄罗斯封锁刻赤海峡给马里乌波尔带来的压力，保证向顿涅茨克运送补给的通道。马里乌波尔是乌克兰东部沿线的海运枢纽和经济重镇，同时也是距离顿涅茨克最近的主要城市，承担着向前线运送补给的重要任务。刻赤海峡大桥通车后，大大增强了俄罗斯封锁海峡的能力，不仅可能令马里乌波尔经济瘫痪，还削弱了乌方通过马里乌波尔向顿涅茨克运送补给的能力。

其次，波罗申科借刻赤海峡冲突，挑起反俄的民族主义情绪，为2019年3月赢得总统大选动员选票。波罗申科政府执政以来，在反腐败、打击寡头、司法体系改革等方面行动迟缓，效果不彰，内部政治斗争依旧激烈，乌克兰经济不仅未改善反趋恶化。民众对政府的支持和信任持续下滑，2018年10月民意调查显示，波罗申科的支持率仅有7.8%，如果任由情势发展，波罗申科很难在2019年连任。

最后，通过挑起冲突获得国际关注，避免成为俄美、俄欧关系的牺牲品。纵观2014年乌克兰危机爆发以来的情势发展，乌克兰作为当事国，毫无疑问遭受损失最大。虽然俄罗斯遭到美欧制裁，但双方都避免直接对抗，在避免危机外溢方面表现出一定的默契。2018年，俄罗斯与美欧关系出现微妙变化。尽管美国国内对俄罗斯负面认知趋于一致，特朗普也深陷“通俄门”等国内政治压力，但俄美关系并未明显恶化，双方沟通趋于频繁，赫尔辛基峰会顺利举行；欧盟内部在对俄制裁问题上一直存在分歧，在美国战略收缩和保护主义政策背景下，欧盟试图改善与俄罗斯关系。在此背景下，乌克兰担心自身不仅加入欧盟和北约无望，甚至会成为大国交易的牺牲品。乌克兰官员曾公开抱怨，乌克兰正为欧洲而战，但欧洲却试图与俄罗斯关系正常化。

处在这样的内外情势下，想办法“弄出点儿动静”，提醒伙伴巩固并增加对自己的安全、政治和经济承诺，于当事国而言可能也是不得已而为之。此次事件虽未引发大规模武装冲突，但因其关联复杂的乌克兰国内政治和大国博弈背景，可以预见，未来围绕乌克兰问题的各方博弈有进一步深化和扩大化之势。一是乌克兰不会轻易放弃对克里米亚以及亚速海主权的主张，在此地区以各种手段展示存在可能成为乌方宣示主权的重要途径。二是乌克兰国内政治生态并未出现根本性改变，各方势力仍会通过政治参与维护和进一步获得经济利益。随着乌克兰总统和议会选举临近，操作俄罗斯话题，挑起国内反俄情绪，一方面加深与美欧的捆绑，另一方面则通过“草船借箭”拉到了选票，达到了借危机助力选举的功效。

乌克兰教会独立　助力波罗申科选情

2018年10月11日，东正教最高精神领袖君士坦丁堡普世牧首巴尔多禄茂一世在君士坦丁堡牧首区会议中签署教令，赋予历史上一直属于俄罗斯正教会的乌克兰教会以自主教会地位，并恢复基辅在君士坦丁堡的代表处；莫斯科及全俄大牧首失去对乌克兰教会的管辖权。12 月，乌克兰东正教会举行会议，选举埃皮法尼乌斯一世为大牧首，乌克兰总统波罗申科及其夫人出席了教区会议前的祈祷仪式。2019 年 1 月 5 日，乌克兰教会举行签字仪式，正式脱离俄罗斯教会。俄罗斯宗教人士认为，这是自 1054 年东西方基督教大分裂以来，最大的宗教分裂事件。1686 年，普世牧首签署教令将基辅都主教区交由莫斯科大牧首管辖。作为反击，俄罗斯东正教会宣布断绝与君士坦丁堡教会的一切联系。

东正教原由包括君士坦丁堡正教会、俄罗斯正教会在内的 15 个自主教会组成。自主教会为东正教最高级别的独立教会，不受其他教会管辖。乌克兰教会获得自主教会地位后，自主教会变为 16 个。俄罗斯教会从教法上失去了对乌克兰教会辖区内财产和人员的控制权。波罗申科表示，乌克兰教会的独立消除了莫斯科的帝国幻想和沙文主义幻想，象征着乌克兰完全脱离俄罗斯，“自治的乌克兰教会是我们建国和独立的关键因素”。

在乌克兰危机持续发酵，俄乌关系陷入历史低谷，俄罗斯与美欧关系恶化的背景下，乌克兰教会脱离俄罗斯教会有着复杂的宗教、政治原因。首先，波罗申科通过支持乌克兰教会独立最直接的影响，就是为 2019 年总统大选获取更多政治筹码。波罗申科和乌克兰安全部门曾多次指责俄罗斯通过教会力量传播亲俄言论，支持东部战斗人员，受俄罗斯控制的东正教会已经成为破坏乌克兰国家统一和政治稳定的政治问题和安全问题。波罗申科希望通过教会独立，断绝俄罗斯对乌克兰的宗教影响手段，同时将教会独立作为自己的政治功绩争取民族主义倾向和亲西方倾向的选民的支持。

从宗教方面讲，巴尔多禄茂一世希望通过支持乌克兰教会独立增加普世牧首的权力与权威。普世牧首虽然是东正教的最高精神领袖，但在等级上与其他 14 位大牧首平等，并不具有罗马教皇的超高地位和对其他教区的管辖权力。巴尔多禄茂一世希望通过支持乌克兰教会独立，将规模仅次于俄罗斯教会的第二大东正教会置于自己的权威下，逐步平衡其与俄罗斯教会不均衡的实力对比关系，谋求未来成为东正教世界的真正领袖。另一方面，乌克兰希望通过取得自主教会地位，实现国内宗教统一。乌克兰存在三个东正教会："莫斯科牧首圣统"正教会、"基辅牧首圣统"正教会和乌克兰自主正教会。后两个教会规模较小，具有民族主义倾向，教会地位也不被其他自主正教会承认。教会分立严重阻碍乌克兰的社会团结和稳定。一旦取得自主教会地位，乌克兰将有可能通过重组实现教会统一。

当地时间2019年2月3日，乌克兰东正教主教埃皮法尼乌斯就任仪式在圣索菲亚大教堂举行。

当然，此次宗教分裂事件，就像围绕乌克兰问题发生的任何争端一样，背后无一例外地隐藏着大国博弈的影子。美国驻乌克兰特别代表沃尔克在普世牧首宣布赋予乌克兰教会独立地位后，就公开表示支持，还警告其他国家不要试图侵犯乌克兰的宗教自由。实际上，在冷战时期美国国务院就在政治上一直支持被苏联驱逐的宗教领袖，此次对普世牧首的支持，意图进一步削弱俄罗斯对乌克兰的影响力。

综上所述，俄乌宗教分裂已经远远超出了宗教意义，对于乌克兰国内以及地区局势都将产生深远影响。首先，虽然乌克兰教会获得独立，但国内社会分裂可能进一步加深。“莫斯科牧首圣统”正教会并不支持脱离俄罗斯教会，并且俄罗斯教会表示，莫斯科牧首区将在乌克兰继续运作。乌克兰神职人员和教徒将面临着在莫斯科支持的教堂和新教堂之间选边站的问题，加之教会财产重新划分有可能增加事态的复杂化，乌克兰国内宗教和民族对立情绪将进一步恶化。其次，乌克兰教会独立将削弱俄罗斯在独联体地区的影响力和控制力。俄罗斯一直强调，东正教是维系和团结斯拉夫兄弟的重要精神纽带和历史记忆，莫斯科大牧首是全体罗斯人共同的精神领袖。乌克兰正教会独立出来不仅削弱了俄罗斯对乌克兰的影响力，而且对俄罗斯在独联体地区的软实力造成沉重打击。地区内其他东正教国家有可能利用宗教分裂事件掀起反俄情绪，造成地区局势进一步动荡。此外，俄乌宗教分裂加深了俄罗斯对美欧的怀疑，导致乌克兰危机解决的难度进一步增加。教会独立是乌克兰与俄罗斯“脱钩”的关键性步骤，其结果和影响让俄罗斯无法接受却也无计可施。事件背后隐藏的美欧影子势必加深俄罗斯的猜忌和对抗情绪，大国协调下解决乌克兰危机的难度将进一步增加。

美欧各有盘算　蛋上起舞不易

当前及未来一段时期，决定乌克兰与包括美国、欧洲在内的西方世界关系的核心，在于乌克兰自身诉求与西方对乌克兰诉求的契合程度。当下而言，乌克兰期待摆脱俄罗斯影响，这一点与西方期待是一致的。但是加入北约和欧盟，即与西方建立一种制度化的同盟联系，则是另外一个层面的关系，可能西方对乌克兰的需求乃至信任还没有到这一地步。

先说美国。2014 年克里米亚公投和在乌克兰东部俄乌混合战争之后，美国出于北约东扩和遏制俄罗斯的考量，向乌克兰提供了大量支持，特别是军事援助，对乌克兰的政治、军事、经济、外交等产生巨大影响。事实上，为了使乌克兰脱离俄罗斯掌控，美国从乌克兰独立时起就向其提供大量资金，在克林顿政府时期，乌克兰成为仅次于以色列和埃及的美国第三大援助接受国。美国以提供贷款、技术援助以及非杀伤性军事援助的方式，支持新成立的波罗申科政府。同时，出于平衡盟国间关系、缓和同盟内部紧张的目的，美国也加强了北约在波罗的海地区和波兰的军事存在。

美国在 2014 年之后向乌克兰大规模援助输出，制造出当前美乌关系较好的表象。2014 年 6 月 3 日，美国国防部长哈格尔在布鲁塞尔参加北约国家防长会议，各国防长同意制定一个新的“北约战略行动计划”，以应对乌克兰危机后新的安全环境。各国防长还出席了北约—乌克兰委员会会议，北约决定加强与乌克兰的军事合作，支持乌克兰安全和国防部门的改革。2014 年 12 月，美国出台“支持乌克兰自由”法案，该法案规定要向乌克兰提供军事援助。2015 年 4 月 20 日，代号为“无畏守护者——2015”的乌克兰和美国联合军事演习在乌克兰西部利沃夫州举行。同年 7 月 20 日，代号为“快速三叉戟”的多国军事演习在利沃夫州陆军学院国际维和与安全中心基地举行。2015 年 8 月 31 日，代号为“海上微风——2015”的多国联合军演在乌克兰南部尼古拉耶夫州举行。2015 年 12 月 3 日，奥巴马政府表示将扩大对乌克兰的军事援助规模，并制订一份价值 7500 万美元的新援助计划。

但整体而言，在与美国关系中，乌克兰相对被动，是美国与俄罗斯地缘争夺大背景下的一个棋子。在与美国以及北约、欧洲的关系中，乌克兰自主性空间很小。这一被动局面，从 2014 年克里米亚危机之后乌克兰不断努力摆脱俄罗斯掌控、全面投向西方即已经开始出现，在特朗普政府时期愈发明显。典型例子如 2018 年底的刻赤海峡事件，乌克兰试图借助这一姿态重新挑动回暖的美俄关系，迫使美国作出表态，进一步使美俄在G20峰会上无法实现首脑会面、达成和解共识。这一策略短期得到了美方的积极回应。特朗普政府在11月29日表示，鉴于俄罗斯与乌克兰冲突事件，将取消与普京总统在G20峰会期间会面，更是直接对俄罗斯进行警告，对乌克兰进行声援。但事实是，在12月1日的G20会议期间，特朗普和普京进行了一次非正式会谈，该谈的还是谈了，并未对乌克兰的感受有丝毫顾忌。无论乌克兰愿不愿意承认和接受，其事实上仅是美国的"菜单式"或曰"议题式"盟友，美国只是在需要时打打这张牌，这也符合美国一贯的唯利是图、唯我独尊的行事风格。乌克兰到了该认清美国面目的时候——美国是其卧榻之侧的"头号列强"，盟友云云不过是皇帝的新装。

再说欧盟和北约。乌克兰处于欧洲的核心地带，在欧盟完成最近一次东扩之后，乌克兰恰好处于欧盟与俄罗斯地缘政治势力范围的交叉点。这一地缘重要性，导致欧盟当前面临的最大安全威胁，是乌克兰危机以及由此导致的俄罗斯与欧盟关系的恶化。

乌克兰危机以来，乌克兰政府一直是大步向"西"的。乌克兰再次宣布正式退出独联体与希望快速加入欧盟和北约有关，必须这样做以示"与俄罗斯拉开距离"，主要是一种"政治姿态"，意在得到美欧认可。这一"向西看"外交政策的顶峰是2019年2月19日波罗申科总统签署了关于加入欧盟和北约方针的宪法修正案。波罗申科表示，帮助乌克兰加入欧盟和北约是他的"战略使命"，如果在大选中获得连任，他将力争在2023年前正式提出加入欧盟和北约的申请。根据该宪法修正案，在乌克兰现行宪法前言中加入"确定乌克兰人民欧洲身份和乌克兰欧洲及欧洲大西洋方针的不可逆转性"字样；在宪法第85条中增加"实现国家获得欧盟和北约成员国资格的战略方针"字样；在第102条中增加"乌克兰总统是实现乌克兰加入欧盟和北约战略方针的担保人"字样；在第116条中增加"保障国家加入欧盟和北约战略方针的实现"字样。乌克兰的这一立法行为，是2014年以来积极投向西方并试图谋得西方盟友关系努力的最高峰。乌方的这一重要立法行动得到了北约与欧盟的积极口头响应，但不管是乌克兰方面还是欧盟北约方面，都承认乌克兰要达到加入欧盟和北约的标准，还有很长的路要走。

在加入欧盟方面，2017 年 2 月，欧盟委员会主席容克表示，基于乌克兰满足了获得免签待遇的所有 44 项条件，欧盟在 2017 年夏季前将开始对乌克兰公民实行免签制度。2017 年 7 月欧盟成员国正式批准“乌克兰与欧盟联系国协议”，被认为是乌克兰加入欧盟征程的第一个里程碑。事实上，近年来乌克兰与欧洲经贸关系发展也较为迅速，2018 年乌克兰与欧盟国家的贸易额为 444.46 亿美元，比 2017 年（395.69 亿美元）增长 12%。其中，乌克兰对欧盟出口增长了 15%，达 201.53 亿美元，进口增长了 10%，达 242.94 亿美元。贸易逆差减少至 41.4 亿美元（2017 年为 46.01 亿美元）。2018 年欧盟占乌克兰外贸份额为 42.6%（2017 年同样是 42.6%）。

但在制度对接特别是欧盟准入谈判方面，在 2017 年“乌克兰与欧盟联系国协议”之后进程缓慢，欧盟委员会主管欧洲睦邻政策和扩大谈判的官员约翰内斯·哈恩表示，谈论乌克兰在未来几年内加入欧盟的计划不现实，双方都没有做好准备。虽然 2019 年 2 月到访乌克兰的欧洲理事会主席图斯克对波罗申科签署宪法修正案表示欢迎，但约翰内斯·哈恩也同时表示，谈论乌克兰在未来几年加入欧盟并不现实，基辅应该集中精力履行与加入欧盟有关的协议。

无论是美国，还是欧盟和北约，操纵乌克兰局势朝着于自身有利的方向发展，是其不二的政策选择。因此，尽管乌克兰笃定地把美欧和北约当成“自己人”，但依然要小心翼翼地处理好与之关系，在相关问题上做得不到位或过头都会招致“提醒”。乌克兰处在大国夹缝中，又要照顾国内政治议程，其难度虽堪比“蛋上起舞”，却也别无他法。

角逐总统大位　选情史上最乱

伴随着既要与俄罗斯角力，又要与美欧搞好关系的复杂形势，2019 年乌克兰迎来新一轮总统大选。2 月 8 日乌克兰中央选举委员会宣布，参选的候选人一度达到 44 位。由于乌克兰东部的“割据”局面，约有 12% 的选民无法参加选举。刻赤海峡冲突在乌克兰危机久拖不决之际举行的这次选举，成为乌克兰独立以来候选人数量最多和选情最复杂难测的总统大选。

乌克兰公共民意调查显示，有 5 位候选人最有竞争力，分别是乌克兰前总理、祖国党主席季莫申科，现任总统波罗申科，乌克兰“人民公仆”党主席、喜剧艺人弗拉基米尔·泽林斯基，乌克兰前国家安全局局长纳里瓦伊琴科和前国防部长格里琴科。基辅国际社会学研究所于 2018 年 12 月进行的民意调查显示，其中 21.2% 的乌克兰人打算支持季莫申科，14.6% 的人支持泽林斯基。乌克兰独立民意调查机构“评级集团”（rating group）于 2018 年 8 月的民意调查显示，17.7% 的选民支持季莫申科，10.7% 的选民支持前国防部长格里琴科。2019 年 1 月评级集团又对年满 18 周岁的 1 万名乌克兰公民进行调查，结果显示愿意参加投票的人中有 21.9% 支持泽林斯基，季莫申科支持率为 19.2%，而波罗申科的支持率为 14.8%。从民意调查来看，乌克兰并没有任何候选人优势明显，1 月份民调最高也只有 20% 左右。根据乌克兰选举法，总统候选人得票过半数才算胜选。

为了赢得选民支持，政坛老手季莫申科和波罗申科都将遏制反击俄罗斯作为自己的竞选策略。波罗申科的竞选广告是“要波罗申科，还是要普京”，而季莫申科也不甘示弱，强调建立“伟大的乌克兰”，对俄罗斯态度比波罗申科更加强硬，多次表示要收回克里米亚和乌克兰东部地区，加入北约。相比之下，季莫申科在竞选中优势较为明显。

季莫申科的政党祖国家园党在地方上有很高的认同。自“颜色革命”以来，季莫申科在执政领域面临众多挑战，也知道如何瓦解治理危机。

当地时间 2019 年 5 月 20 日，乌克兰新总统就职典礼举行，当选总统泽林斯基在议会宣誓就职。

喜剧演员泽林斯基的竞选暗合了乌克兰人对当前政坛领袖不满、期待新面孔的心理需求。这位著名的讽刺喜剧艺人，在风靡全乌的轻喜剧《人民公仆》中所扮演的总统角色，以亲民幽默的形象获得乌克兰民众的好评。泽林斯基也具备相当的反俄特性，根据《基辅邮报》的报道，2015 年之后泽林斯基为乌军累计捐款 100 万格里夫那，以至于俄罗斯将其视为反俄人士禁止播放其作品。但泽林斯基也表示愿意与俄罗斯谈判，共同解决各方面问题。这种灵活的特性得到一定程度的支持，为其竞选加分。

另一位值得关注的候选人前国防部长、公民地位党领袖格里岑科，是位个性强悍的军人。其夫人莫斯托娃担任极具影响力的乌克兰《镜报》主编。尽管格里岑科声望卓著，但他并没有足够的产业支撑，需要寻找赞助者才有望赢得大选。

在临选前的几次民意调查中，泽林斯基的支持率不断蹿升。3 月 31 日，乌克兰总统选举拉开序幕，根据最后计票结果，泽林斯基和波罗申科分别以 30.24% 和 15.95% 的得票率排名前两位，由于没有候选人获得 50% 以上选票，泽林斯基和波罗申科进入第二轮竞逐。在 4 月 21 日举行的总统选举第二轮投票中，泽林斯基的得票率为 73%，波罗申科的得票率为 24%，前者当选为总统。5 月 20 日泽林斯基就职为乌克兰总统。但是，泽林斯基面临的问题很多，他自己在竞选期间没有提出清晰的纲领，更重要的是，俄罗斯总统普京还没有祝贺他当选。未来泽林斯基的执政路并不如喜剧那样轻松和逗人。

5 月 20 日，泽林斯基正式就任乌克兰总统。上任之初，他宣布要结束在乌克兰东部的战事，但在俄罗斯看来，泽林斯基基本上还是沿袭波罗申科的路子，所以，对他采取了观望政策，没有采取主动外交姿态。泽林斯基不断访问欧洲国家，向往访国领导人游说反对俄罗斯绕过乌克兰通往德国的“北流 2 号”天然气管道建设，引起俄罗斯的反感。针对乌克兰民族主义势力反俄罗斯的情绪强烈，俄罗斯电视一台希望与乌克兰同行“一新闻”电视台共同开辟一个名为“需要说话”的电视桥节目，专注于民间交流，不谈政治，定于 7 月 12 日开播。结果，有人建议总统泽林斯基召开国家和国防安全会议，认定这是叛国行为，乌克兰总检察长还准备起诉参与该方案的人，该国“右区”组织人士还宣布要消灭参与的编导和记者，最后乌克兰方面不得不取消这个节目。

7 月 8 日，泽林斯基总统提出解决乌克兰东部冲突的新计划，准备邀请美国、英国、法国、德国最高领导人，加上乌克兰和俄罗斯总统，一起在白俄罗斯首都明斯克探讨解决乌克兰冲突的问题。普京总统的新闻秘书佩斯科夫就此回应道，一要仔细研究这个方案有没有前景，二要搞明白新参与范围意味着什么，因为美国不是诺曼底进程的参与者。俄罗斯这个态度一方面表明不愿立即把对话大门堵死，以免对方指责自己不要对话，另一方面对美国的直接参与抱谨慎态度。乌克兰与俄罗斯的关系如何发展，还得等 2019 年 10 月议会选举才能逐渐明朗。

11. 三国鼎足竞中东

——怎么看土耳其、沙特和伊朗关系

在中东地区，土耳其、沙特和伊朗三强明争暗斗，美国和俄罗斯对各方施加影响，三角竞合中上演着各种脚本的“大戏”。

水火不容的沙伊（朗）关系

国家关系没有永恒的状态，在不同的历史阶段会呈现远近亲疏的不同关系。伊朗和沙特关系是较好例证。历史上，两国都在中东地区创造过辉煌的历史，阿拉伯帝国和波斯帝国让两国人民骄傲自豪，也是两国勇于在地区争雄的底气所在。

第二次世界大战结束后，美国实力急剧膨胀，一跃成为全球超级大国，触角伸至全球每个角落。在中东地区，英法退出中东地区，美国成为新的有影响力的域外玩家。沙特和伊朗作为美国在中东地区的“小兄弟”，唯美国马首是瞻。直至 1979 年伊朗爆发伊斯兰革命，沙特和伊朗关系融洽，相安无事。

1979 年，伊朗国内风雨大作，突然变天。貌似强大的巴列维政权，在以霍梅尼为首的伊斯兰革命者的冲击下，不堪一击，轰然倒塌。伊朗历史进程发生转向，从走西方化现代化道路转到反西方的伊斯兰化道路。对内大力推动伊斯兰教在政坛的回潮，走政教合一的政治路线。对外输出伊斯兰革命，希望引发地区性革命。放弃亲西方的道路，意味着与美国分道扬镳，兄弟情谊一刀两断。面对伊朗的剧变，沙特难以维持与伊朗的友好关系，将伊朗输出伊斯兰革命视为重大安全威胁，两国关系急剧降温。

僵持和对抗成为沙特和伊朗关系的基本状态，两国互将对方视为威胁。尽管两国冷眼相向，但在对抗中还是做到了张弛有度，斗而不破。双方并未直接爆发军事冲突，主要还是在外交、经济、教派、地区热点等方面博弈。中东地区各种矛盾相互交织，其复杂性在于超越传统主权国家的范畴。有专家认为，"在中东地区部族认同高于国家认同，宗教认同高于国家认同，教派认同高于共同宗教认同"。因此，教派纷争是厘清中东地区格局的有效切入点。以沙特为首的逊尼派阵营和以伊朗为首的什叶派阵营成为中东博弈场上的主要"风景线"。沙伊博弈更多的不是直接厮杀，而是以代理人为主要方式在第三国的间接角力。从也门到叙利亚，从黎巴嫩总理哈里里的闪辞风波到卡塔尔断交危机，背后都有沙伊博弈的影子。

可以说，沙伊矛盾渗透至诸多中东地区争端，体现出很强的张力。从双方博弈姿态看，沙特显示出更强的进攻性和冒险性，而伊朗则比较持稳和内敛。这些不同不是双方实力的映射，更多的是执政者外交风格和手腕的体现。需要注意的是，反伊朗阵营有扩容趋势，伊朗是沙特和以色列的共同敌人。在美国协调下，沙以有联手对付伊朗的现实可能性。

沙特将伊朗视为地区主要安全威胁，遏制伊朗贯穿沙特地区政策始终。无论是拉拢地区盟国，还是打压敌对国家，都与遏制伊朗有直接或间接关系。沙特忌惮于伊朗强大军事实力，避免与伊朗发生正面军事冲突，同时修复并巩固与美国的盟友关系，利用美国强大实力，对冲伊朗地区影响力。2015 年萨勒曼成为沙特国王至今，经历了美国两任总统。奥巴马政府主张解除对伊朗的制裁政策，试图缓和与伊朗关系，将伊朗拉回国际社会，渐进改造伊朗，标志性事件是与伊朗签署伊核协议。协议不仅暂停了美国对伊朗涉核问题的制裁，还改善了伊朗外部环境，为伊朗扩大地区影响力创造了有利条件，这显然与沙特遏制伊朗的政策背道而驰。特朗普上台后，大幅调整美国对伊政策，单方面退出伊核协议，重启对伊经济制裁。沙特抓住美国对伊强硬政策的时机，主动修复奥巴马政府时期与美国受损的关系，投特朗普所好，与美国签署超级军火协议，以求在与伊朗的博弈中获得有利位置。

当地时间 2018 年 3 月 20 日，美国总统特朗普在白宫会晤沙特王储。图为特朗普手持销售给沙特的武器数据图表。

积极介入地区热点问题，防止伊朗乘势坐大。伊朗是什叶派国家，和叙利亚结成了实际盟国。沙特站在反巴沙尔政权一边，意图趁机剪除伊朗羽翼，拔掉伊朗地区支点。在也门问题上同样如此，与叙利亚背后有美俄等域外大国博弈不同，也门内战域外大国介入相对有限，更加凸显沙特和伊朗的对抗，代理人战争色彩浓厚。面对什叶派军事力量胡塞武装的异军突起，沙特以打击恐怖组织为名，联合域内其他国家，建立反恐军事联盟，直接军事介入也门战事，企图恢复逊尼派政治力量在也门的统治地位，防止也门落入伊朗之手。

渐入窘境的土沙关系

土耳其和沙特关系远没有伊朗和沙特关系糟糕，但两国关系也算不上亲密无间。可以从 2017 年卡塔尔断交危机和 2018 年沙特籍记者卡舒吉遇害案，观察土耳其和沙特之间的关系。

2017 年 6 月，卡塔尔遭到海合会兄弟国家的“围殴”，沙特、阿联酋、巴林等数国陆续与卡塔尔断交，对卡塔尔进行海陆空封锁，使其在中东地区遭遇空前外交孤立。面对困境中的卡塔尔，土耳其表现尤为活跃，积极参与事态调解进程，甚至还有军事动作介入危机，维护卡塔尔利益，与沙特对立。

土耳其在公开场合表示，海湾国家不应切断与卡塔尔的外交关系，孤立卡塔尔，向卡塔尔施加制裁无法解决任何问题，土耳其将继续发展与卡塔尔的关系。解决危机的方法是对话，土耳其建议各方进行建设性首脑会晤。土耳其大国民议会通过法案，允许向卡塔尔派兵开展军事演习，并帮助培训卡塔尔宪兵部队。土耳其大国民议会又通过另一个议会法案，允许向卡塔尔派遣军队。土耳其以调解者的姿态出现，实际上已经选边站队，明显偏向卡塔尔一边。

当然，土耳其也不希望与沙特撕破脸。土耳其智库经济及外交政策研究中心专家卡萨颇古拉认为，尽管土耳其重视与卡塔尔的关系，但不会也不能与沙特为敌。批准军事行动并不能被视为反对沙特的举措，而应被理解为亲卡塔尔的行为。

在卡舒吉遇害案中，土耳其并未给沙特留颜面，而是紧紧抓住这一天赐良机，获取更多利益。沙特籍记者卡舒吉 2018 年 10 月 2 日在沙特驻土耳其领馆神秘失踪，随后被证实遇害。一石激起千层浪，沙特政府面临巨大道义和外交压力，对其长期提供保护伞的美国也陷入利益与道义孰重、人权标准是否一致的尴尬境地。

此案发生在土耳其，土耳其并未将此事作为一般刑事案件处理，而是上升为撬动外交的一张“王牌”。土耳其利用主场优势，获得大量关于案件的细节信息，紧盯案件不放，希望在对美对沙外交中得利。

案件发生后，所有证据都指向沙特王室。但沙特王室撇得一干二净，否认与卡舒吉遇害案有关，强调关心本国公民下落，允许土耳其警方对领馆和领事住所进行搜查。调查后，土耳其警方并未公布调查结果，但土耳其官员按照自己的节奏不时对沙特施压。正在匈牙利访问的土耳其总统埃尔多安通过媒体敦促沙特“自证清白”，回国后又质疑称，“一个领馆、使馆怎么可能没有安全摄像系统？沙特领馆……拥有世界上最先进的安全系统，一只鸟、一只蚊子飞过都会显现。”

土耳其警方曝光参与杀害卡舒吉的沙特“15人暗杀小队”成员活动的视频画面。

卡舒吉失踪一周后，更多信息见诸媒体并日益对沙特不利。土耳其政府一名顾问称已掌握卡舒吉被害录像，这份资料是沙特人为保留证据自己拍摄的，后来被土耳其情报人员获得。半岛电视台也称，一名证人曾听到领馆内“发生激烈争吵、高声呼救和搏斗”，并确信卡舒吉当时在场。土方通过这种有节奏地、持续透露案件细节的方式，让美国和沙特陷入被动。对于这种有节奏、挤牙膏式的方式，有专家戏称土耳其对沙特处以“外交凌迟”。对于土耳其官员的指控，部分沙特支持者认为，卡舒吉案是土耳其政府精心安排的骗局，旨在让沙特难堪，因为土沙是地区竞争者。

关系微妙的土耳其和伊朗

近年来，土伊两国关系不温不火；有分歧，亦有共识。2012 年 3 月和 2014 年 1 月，埃尔多安两次访问伊朗。2014 年 6 月，伊朗总统鲁哈尼访问土耳其，分别与时任土耳其总理埃尔多安和总统居尔会见。2018 年 12 月，鲁哈尼再次访问土耳其。总的来看，土伊关系处于非对抗竞争关系。从大国博弈角度看，两国均是地区大国，都有追求地区大国的战略诉求。但相同的战略目标并不必然带来高强度的硬对抗，两国在能源、经贸、地区热点等问题上有合作空间和意愿。

日益紧密的经贸关系成为土伊发展关系的“压舱石”。近年来两国贸易额不断上升，双方还设定目标，将两国经贸额提升至 300 亿美元。两国发展经贸关系背后，还有更深层次的考量。对伊朗而言，美国等西方国家的经济制裁，很大程度上掐断了伊朗与外界的经济往来，压缩了对外经济活动空间，对伊朗经济冲击很大。在这种情况下，发展与土耳其的经贸关系，有助于伊朗经济正常运转。土耳其是能源匮乏的国家，对邻国伊朗的能源依赖程度较深，能源合作是土伊经贸往来的大头，与伊朗保持良好关系，可保证稳定的能源供给。

土耳其对伊核问题的态度拉近了与伊朗的关系。在核问题上，土耳其遵行三原则：一是主张中东无核，但承认伊朗和平利用核能的权利，认为美国等西方国家均可利用核能，没理由剥夺伊朗和平利用核能的权利。二是反对对伊朗进行武力打击，这样既不可行，也不合理。一旦伊朗发生战事，将造成土耳其边界不稳，进而引火上身。三是不加入美国等西方国家制裁伊朗的行列，但认同联合国框架内的对伊朗制裁。这些政策无疑受到伊朗的欢迎，核问题并未成为土伊发展关系的障碍，反而为发展两国关系加分。

土伊两国具有共同的安全利益。土耳其和伊朗都聚居着库尔德人，该民族一直希望建立独立国家。土耳其库尔德民族分离诉求较大，分离分子经常在土伊边境跨界游弋，与伊朗国内的库尔德人相来往，不时制造袭击，给政府制造麻烦。在分享情报、军事协调上，土伊具有合作空间。

土伊双方奉行温和的邻国外交，从宏观上把握住了两国的外交方向。土耳其正义与发展党上台执政以来，奉行与邻国“零问题”外交，基本上保持了与伊朗相安无事，未有正面冲突。鲁哈尼上台后，更是明确了与邻国发展关系是伊朗外交的优先选项，以打破伊朗在国际上的孤立状态。两国与俄罗斯在叙利亚问题上建立了协调机制，合作面大于分歧。

当然，土伊两国并非在所有问题上意见一致，两国之间的分歧也显而易见。一是在叙利亚问题上，双方分歧明显，伊朗是巴沙尔的支持者，甚至在背后进行军事支持。而土耳其是叙利亚反对派的支持者，不承认巴沙尔政权。二是在意识形态上，尽管两国都是伊斯兰国家，但在治国理政上，两国区别明显。土耳其走政教分离的世俗主义路线，以西方民主为样板，禁止宗教干政。伊朗自 1979 年革命以来，实行政教合一的神权政治体制，伊斯兰教是最高指导思想。三是从与西方的关系看，伊朗反对、敌视美西方国家，将美国视为“撒旦”。而土耳其实行亲美、亲西方的外交政策，不仅是北约成员国，且将加入欧盟视为既定的战略目标。四是作为中东地区大国，土伊还是地缘政治竞争对手，两国均有追求地区大国的目标。

在外界看来，两国关系微妙。但总体看，现阶段，土伊双方实行务实、灵活的外交方针，能超越意识形态上的隔阂，排除第三方因素的干扰，克服地区热点问题上的分歧，照顾对方的舒适度。两国关系呈现出共识大于分歧的态势，合作成为目前两国关系的主流。

三国的地区格局塑造力

大国是地区格局的塑造者和主导者。土耳其、沙特和伊朗作为中东三强，其双边关系、三角关系互动都会对中东地区格局造成重大影响。

中东地区格局分内环和外环。从外环看，主要是世界大国在中东地区的竞合。自奥巴马政府以来，美国在中东地区实行战略收缩，但在中东地区占主导地位的基本态势并未发生根本变化。自军事介入叙利亚以来，俄罗斯在中东地区存在感增强，在局部形成对美国的优势，但整体看无论是资源投入，还是实际掌控力，在中东地区仍是美强俄弱。欧洲国家是中东国家的前宗主国，自第二次世界大战以来欧洲国家在中东地区的影响力日渐下降。中国作为世界大国，在中东地区凸显更多的是经济影响力。

从内环看，中东域内四大强国沙特、伊朗、土耳其和以色列塑造了中东地区多极化格局。四国各有优势，沙特经济和军事实力强大，且拥有海湾盟国。伊朗长期经受制裁，经济实力受到影响，但军事实力强大，与沙特购买军火不同，伊朗拥有强大的军工制造业，也拥有叙利亚、黎巴嫩真主党以及伊拉克、也门等国的什叶派同盟。土耳其是各领域实力均衡的中东大国，且与其他中东三强并未有真涉及重大利益的冲突点。以色列最大的优势是美国的支持，以及本国强大的科技和军工实力。

中东地区已经明晰出现以沙特为代表的逊尼派阵营和以伊朗为代表的什叶派为阵营，土耳其游离于两大阵营之外。双方的对抗态势呈现龃龉不断但又不会直接走向战争的新常态，中东国家日渐分化为沙特阵营、伊朗阵营和游走于两大阵营之间的国家；在沙特和伊朗两个阵营的对抗中，沙特、伊朗本身分别有美国和俄罗斯代理人色彩，沙特、伊朗在中东内部又各有代理人，形成双重代理人格局。随着沙特外交更趋积极，这种地区阵营化逐渐固化，且矛盾愈发升级。近年来，中东形势围绕美国、沙特与俄罗斯、伊朗之间的双层博弈日趋明显。未来中东或将形成域外大国美俄博弈和域内大国沙特与伊朗对抗相结合的新冷战结构。其主要内容包括民族、教派、争夺地缘政治主导权的矛盾，以及双方在诸多地区热点问题上的代理人战争或竞争，但争夺地缘政治主导权是双方矛盾的核心。

当地时间 2019 年 5 月 12 日，4 艘在不同国家注册的商船在阿联酋富查伊拉酋长国 (Fujairah) 以东海域遭受“破坏攻击”。

美国作为中东地区的主导国，对局势依然保持着掌控力。自从 2018 年宣布退出伊核协议以来，美国对伊朗的制裁力度越来越大。2019 年 5 月初，美国宣布取消对伊朗石油出口的豁免权。5 月 8 日，特朗普宣布将对伊朗的铁、钢、铝、铜等产业实施制裁，对象包括在伊朗境内拥有或参与上述业务的个人和实体。5 月 12 日，有消息称阿联酋富查伊拉港发生爆炸，造成多艘油轮发生大火。当日阿联酋外交部表示，四艘商船在阿联酋领海附近遭到“蓄意破坏行动”，但未造成人员伤亡。美国和沙特官员随即指责伊朗应对该起袭击负责，但德黑兰方面否认了这一指控。6月 13 日，正当日本首相安倍晋三到访德黑兰为美伊关系斡旋之际，一艘前往新加坡的日本油轮及另一艘前往台湾地区的油轮在阿曼湾疑遭袭击。美国立即认为这是伊朗干的，并出示了相关证据，这些证据得到以色列和沙特阿拉伯的首肯，但是遭到包括俄罗斯以及英国、德国和法国的否认，伊朗也称这是对其栽赃陷害。

与此同时，美国不断加强对伊朗的军事威慑。除派出两栖战舰外，还派遣“林肯”号航母攻击战斗群及增援舰船抵达波斯湾，从本土派遣了 B-52 战略轰炸机群，加派 1000 名作战人员，中东的火药味不断加重。6 月 20 日，发生了美国全球鹰无人机进入伊朗领空被击落的事件，美国甚至准备好对伊朗进行军事打击。在最后关头，特朗普说是军方向他汇报，袭击行动要造成 150 人死亡，所以他叫停了这次行动。美国谴责伊朗在国际空域击落其无人机，而伊朗则展示了飞机的残片，证明是美国侵犯其领空。

6 月 24 日，特朗普签署行政命令，宣布对伊朗最高领袖哈梅内伊及其领导下的机构与骨干人员实施制裁，包括 8 名伊斯兰革命卫队高级指挥官。哈梅内伊 26 日发表讲话称，美国 40 年的严苛制裁和侮辱绝不会令伊朗人民屈服，伊朗人民绝不会放弃对尊严、独立和进步的崇高追求。伊朗总统鲁哈尼 25 日称，美国对伊朗实施的新制裁表明其无意寻求与伊朗进行谈判。7 月 1 日，伊朗宣布如果到 7 月 7 日前英国、法国和德国推出的贸易结算支持系统不能满足其石油出口的要求，就不会遵守伊核协议，启动丰度超过 3.67% 的浓缩铀活动。特朗普警告伊朗“这不是件好事，他们最好小心点”。国务卿蓬佩奥则宣布“伊朗核计划的最新扩张将导致进一步孤立和制裁”“所有选项都摆在桌面上”。英国也加入对伊朗堵截行列，7 月 4 日，英国海军在直布罗陀附近水域扣押一艘伊朗油轮，罪名是向叙利亚运送原油违反了欧盟的制裁禁令。伊朗国防部长哈塔米谴责英国的这种行为是“海上抢劫”。伊朗外交部发言人称这是“强盗行为”，如果英国不放船，将采取报复行动。鉴于美伊双方都在不断示强，发生军事冲突的可能性依然在增加，届时中东可能会出现难以控制的乱局。

12. 谁在背后操把控

——怎么看涨跌不定的世界石油价格

2018 年，国际油价像坐了一次“过山车”，在迎来 4 年高点后，迅速下跌 40% 多。国际油价涨跌不定的背后，似乎有一只看不见却强有力的“手”在暗中操盘。那么这只“手”到底是什么呢？

国际油价谁来定

认识国际石油价格波动的原因，需要了解国际石油价格的形成机制，换句话说，需要了解石油价格主要受哪些因素影响。综合智研咨询集团、中国石油经济技术研究院等机构的研究成果，我们可以把影响国际石油价格的因素概括为以下几个方面。

第一，从供需角度看，影响国际石油期货价格的是市场当下的供需情况及对未来供给和需求的预期。当市场预期国际石油供大于求时，价格就会下降；当市场预期国际石油供不应求时，价格就会上涨。比如，从 2000—2007 年，世界原油日均需求缺口由 2000 年的 1712 千桶上升至 2007 年的 4775 千桶。同期，WTI、布伦特原油平均价格也从 2000 年的 30 美元 / 桶和 28 美元 / 桶上升至 2007 年的 72 美元 / 桶。

第二，从结算货币的角度看，美元的强弱对石油价格也有重要影响。由于美国建立了“石油—美元”体系，世界范围内的石油交易至今仍多以美元计价，因此美元走势对国际石油价格有重大影响。一般而言，美元升值会导致油价降低，而美元贬值则会导致油价上升。因此，美联储的加息和降息政策对国际石油期货价格的影响一般会非常明显。

第三，从生产成本的角度看，石油价格受石油石化产业投资计划的影响较大。总体讲，原油储量、开采产能、生产计划、炼化产业产能等都会影响石油的供给。但比较而言，石油价格对长期供给变化的敏感度较低，对中短期供给变化的敏感度较高，因此，产油国的近期生产计划、生产成本、生产企业库存等对石油价格的影响较为明显。

第四，从科技进步的角度看，石油替代品及相关科技的发展也会对石油价格形成冲击。比如，页岩油开采技术的进步就使得美国对传统产油国形成明显冲击，而新能源汽车、乙醇汽油等的运用也将降低汽车对燃料油的需求量，进而降低全球对原油的需求量。长期看，科技进步将不断降低世界经济对石油的依赖度，进而改变石油供需关系。

第五，除上述经济和科技因素外，自然灾害、战争冲突、地缘政治及国内政治等因素也会影响原油价格走势。并且，地缘政治及国内政局等因素对石油价格的影响来得更直接，而且也更经常成为人们讨论的热点话题。

波动不定是何因

具体到2018年的国际石油价格，主要是世界经济增长态势、大国经贸摩擦、美国退出伊核协议、“减产联盟”决定增产、地缘政治博弈等一系列因素共同作用的结果。

第一，2018 年全球经济增长 3.1%，石油日需求提高量为 140 万桶，加之美国挑起与中国及其他国家贸易摩擦，从全年来看，全球石油市场总体日供给大于日需求 60 万桶。一、二、三、四季度日供给分别大于日需求 10 万桶、50 万桶、110 万桶和 80 万桶。

第二，美国 5 月 8 日宣布退出伊核协议，并要求各国 11 月前停止从伊朗进口石油。伊朗石油出口量开始逐渐下降，成为国际油价在 10 月份前持续走高的重要原因。11 月 5 日，美国对伊朗石油出口的制裁正式生效，但给予中国、印度、韩国、日本、希腊、意大利、土耳其和中国台湾等 180 天豁免期。美国对伊朗制裁不及预期严格，成为国际油价出现大幅下降的重要原因。

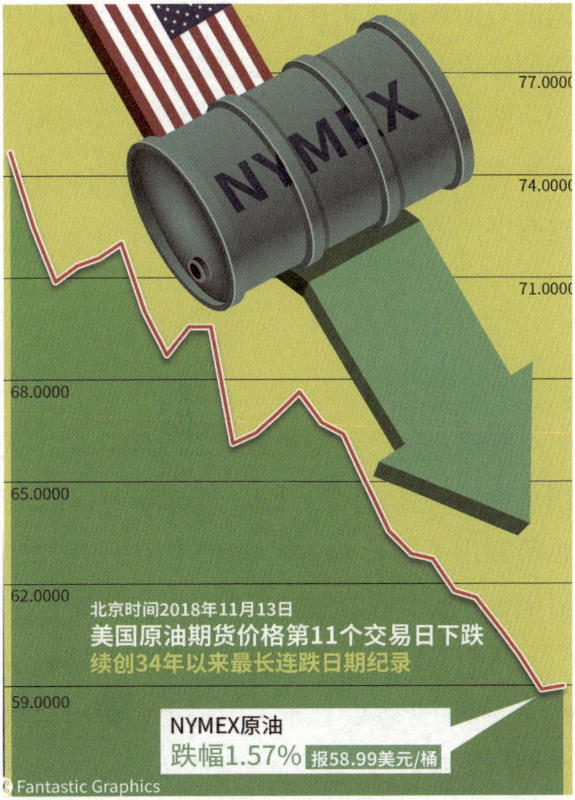

2018 年 10 月起，国际原油价格大幅下跌。

第三，2018 前半年，沙特和俄罗斯主导的“减产联盟”保持超高减产执行率，推动形成市场供需相对平衡的状态。6 月份，受伊朗和委内瑞拉石油产量下降预期的影响，“减产联盟”部长级会议同意将减产执行率由 147% 降至 100%，换句话说，该协议的真实含义是推动产油国适当增产。据统计，实施这一协议后，“减产联盟”国家实际增产幅度高于伊朗和委内瑞拉两国的减产幅度。在国际原油价格自 10 月份开始大幅下挫背景下，“减产联盟”又及时实施了减产政策。

第四，美国 2018 年 11 月的原油日产量达到 1170 万桶，超越俄罗斯成为全球最大的原油生产国。并且，美国原油和成品油出口量超过进口量，逐步向“石油独立”的目标迈进。从纯粹市场的角度看，美国的石油产业也正在改变国际石油市场的供需关系，其对国际石油市场的影响力也得到进一步增强。

第五，2018 年的叙利亚局势、美国退出伊核协议、卡舒吉遇刺事件等也对国际石油市场带来一定影响，在油价升降的曲线中不难发现这些事件的影子。

美国缘何压油价

既然美国已经成为最大石油生产国，且已成为石油净出口国，美国总统特朗普为何要通过“发推”强烈支持低油价？并且，美国国会也研究用《反石油生产和出口卡特尔法案》（NOPEC 法案）将 OPEC 界定为非法卡特尔组织，为下一步制裁创造条件。其中原因何在？

我们不妨来看看美国在退出伊核协议后的一些举动。2018 年 5 月 8 日，特朗普政府宣布美国将退出伊核协议并计划对伊朗实施“最高级别经济制裁”，国际油价随后出现明显上涨。市场认为美国退出“伊核协议”将导致中东地区冲突的风险增加，存在石油供应大幅减少的风险。尽管沙特、俄罗斯释放增产信号，但由于实际增产数字并不明确，国际油价在震荡中继续上涨。6 月底美国要求有关国家和地区从 11 月起将从伊朗进口的石油降至零，且传出美国原油库存骤降 990 万桶的消息，导致国际油价接连上涨。到 10 月 3 日，布伦特原油期货上涨到 86.29 美元 / 桶。

但从此之后，国际油价开始震荡下行。11 月 5 日，美国宣布对伊朗石油出口禁令正式生效，但中国、印度、希腊、日本、土耳其、中国台湾、意大利、韩国等获得 180 天的豁免，在此期间可继续从伊朗进口石油。美国此举使得国际油价市场的紧张氛围明显弱化，国际油价出现数次大跌。

在此过程中，特朗普对高油价多次表示不满，并要求石油生产国增加石油产量。特朗普在自己的推特中多次表达对 OPEC 的不满，声称 OPEC 人为抬高了国际石油价格，面对石油价格上涨，OPEC 没有真正采取有效行动。特朗普甚至把 OPEC 称作一个扭曲国际油价的垄断组织。

随着页岩气开发技术的日益成熟，美国石油产量不断上升，已经成为重要的石油出口国。既然如此，特朗普为什么还希望维持低油价？综合来看，特朗普的石油政策立场主要受以下因素影响。

一是为了美国的总体经济利益。尽管高油价短期看有利于美国的能源企业，但同时也可能抬高美国的通胀水平。这对于高举“美国优先”旗号、号称要大力发展实体经济的特朗普而言显然是不划算的。换句话说，特朗普不愿因油价上涨而冲击了美国的制造业，更不愿看到因短期获益而损害了美国实体经济的长远发展。

二是为了稳固美元币值。油价过快上涨可能带来通货膨胀，进而导致美元急剧贬值，很容易发生地区乃至全球范围内的金融风险，美国也往往会陷入其中。相反，低油价有助于稳固和提升美元币值，并有助于美国在关键时刻“祸水外引”，是美国维护其全球金融霸权的重要抓手。

三是为了国内政治需要。如果油价上涨，美国部分能源企业能够从中受益，但占比更大的普通老百姓生活成本则可能应声上涨。对老百姓而言，低油价意味着实际支出能力上升，高油价意味着支出能力下降。因此，高油价可能导致特朗普丧失来自中底层的选票，对于谋求 2020 年继续连任的特朗普而言，这显然是他不愿看到的。

四是为了地缘战略需要。如果石油价格上涨，沙特等石油出口国资金就会相对充裕，对美国的“离心倾向”可能上升。同时，如果石油价格上涨，俄罗斯经济将得利，这对美国来说也不是好消息。因此特朗普推动沙特提高产量来压低油价，既是为了拉紧沙特等国，也是为了不让俄罗斯日子好过。

正是基于上述战略考虑，特朗普在打压国际油价问题上极其卖力，要求中东“好兄弟”沙特承诺增加产量以弥补制裁伊朗带来的产量缺口，进而维持国际石油价格的总体稳定。

“减产联盟”多变化

OPEC 全称石油输出国组织，成立于 1960 年 9 月，是亚非拉石油生产国为协调石油政策、反对西方石油垄断资本的剥削和控制而建立的国际组织，总部设在奥地利维也纳，其宗旨是协调和统一成员国石油政策，维护国际石油市场价格稳定，确保石油生产国获得稳定收入。自成立以来，OPEC 一直是影响国际石油市场的关键力量，甚至对整个国际关系走向都有至关重要的影响。不过，这一组织的一大局限就

当地时间 2016 年 11 月 30 日，OPEC 在奥地利首都维也纳举办第 171 届大会，讨论其最新的石油政策。

是俄罗斯等石油生产大户并未包含其中，并且也经常受到美国等传统强国的诟病。

2016 年，为应对国际油价下跌带来的巨大压力，石油大国开始接触，沙特石油大臣和俄罗斯能源部长开始讨论石油产量问题。OPEC 秘书长巴德里当时表示称，除非 OPEC 内外各产油国携手化解供应过剩问题，否则未来的石油生产将陷入动荡，供应过剩已导致油价在 18 个月内下挫 70%，致使石油业大幅削减了投资和就业岗位。OPEC 和其他产油国部长级会议（“减产联盟”）在此背景下诞生，并主要负责协商控制产量以维护国际石油价格稳定的问题。

2018 年，与全年油价经历过山车式的上涨和下跌相适应，“减产联盟”在 2018 年 6 月和 12 月的两次会议备受关注，且基调迥然不同。6 月的时候，“减产联盟”第四次部长会议主要讨论的问题是增加产量的问题。此前“减产联盟”在 2016 年底达成原油减产协议，决定日均减产 120 万桶。但在实际执行过程中，OPEC 成员国出现了过度减产的问题。据称，参加 2016 年协议的国家履行率已经达到了 147%，处于过度减产状态。2018 年 6 月“减产联盟”部长级会议的主要目的，就是将协议履行率恢复到 100% 的状态。

到了 12 月份，受全球原油价格暴跌的影响，“减产联盟”会议不得不改变此前论调，要求进一步减产。最终会议达成 120 万桶 / 日的联合减产协议。其中伊朗将豁免减产配额。其他 OPEC 国家将合计减产 80 万桶 / 日，其他主要产油国将减产 40 万桶 / 日。协议于 2019 年 1 月起实施，初步设定期限为 6 个月。在“减产联盟”此次会议期间，美国曾意图干扰会议，促成不减产，但最终没有成功。

OPEC内多矛盾

2018 年 12 月 3 日，卡塔尔能源部长萨阿德卡比在新闻发布会上表示，卡塔尔已经决定从2019年1月1日起退出OPEC。他表示，“我们在石油方面没有很好的潜力，我们非常务实，我们的潜力是天然气。”由于卡塔尔原油产量在OPEC成员中排名比较靠后，2018年10月仅有60.9万桶/日，仅相当于沙特原油产量1150万桶/日的零头，因此卡塔尔的退出并没有对国际油价产生重大影响。

卡塔尔1961年加入OPEC，退出后也可以像俄罗斯那样以非OPEC国家身份参与石油生产国相关会议。卡塔尔方面表示退出OPEC是为了更专注于天然气生产。的确，卡塔尔天然气储量仅次于俄罗斯和伊朗，居全球第三位，占全球天然气总储量的13%，是全球第一大天然气出口国，出口量相当于全球的1/3。因此，卡塔尔表示更专注天然气生产的确有其道理。

不过，卡塔尔退出OPEC其实还有其他原因。卡塔尔在政治上偏向伊朗，沙特对此非常不满。2017年6月，中东地区发生“卡塔尔断交危机”，沙特、埃及、阿联酋、巴林等众多国家宣布与卡塔尔断交，并对卡塔尔进行经济封锁。这些国家都是OPEC的重要成员国。因此，卡塔尔退出OPEC，有发泄不满情绪等色彩，也有与沙特等国家暗中较劲的考量。

同时，鉴于美国对OPEC有诸多不满，卡塔尔退出OPEC似乎也有回避美国压力的考虑。有报道甚至称，卡塔尔退出OPEC真正的原因在于，其担心OPEC成员国的身份有可能阻碍卡塔尔石油公司在美国发展。这一报道并非毫无依据，不久后的12月16日，卡塔尔石油公司就向路透社表示，他们计划未来几年在美国投资至少200亿美元。

沙特和伊朗是中东地区的主要竞争对手，在争夺中东地区主导权上博弈激烈。沙特一直支持美国退出伊核协议并恢复制裁伊朗。从石油经济角度讲，沙特这么做对自己非常有利，因为伊朗出口的石油越少，沙特就可以出口更多的石油，这无疑是一笔划算账。在

2018 年 6 月的“减产联盟”增产会议上，伊朗对增产就极不情愿。一方面，伊朗并无太大增产能力，而其他国家普遍增产将导致国际油价下降，这将意味着伊朗石油收益受损。另一方面，在美国退出伊核协议背景下，如果其他国家普遍增产，无疑将促使美国加大对伊朗制裁力度。

因此，即使在“减产联盟”达成增产协议后，伊朗驻 OPEC 代表阿德比利 6 月 30 日依然表示，美国总统特朗普要求沙特日增产 200 万桶原油，可视为美国要求沙特退出 OPEC 及达成的相关协议。11 月，在国际油价大幅下跌背景下，阿德比利又表示，沙特和俄罗斯必须要减产 100 万桶 / 天。“他们在一个月之内将价格压低了 15 美元，他们的行为导致所有产油国损失了数十亿美元，给非洲和南美贫穷的产油国造成了重大损失，并且让美国的汽油价格更低，使特朗普及共和党在中期选举中免除了油价的压力。”

美国对伊朗实施系列制裁和军事威胁造成中东局势紧张之际，OPEC 及其盟国能源部长在沙特开会讨论石油价格和供应问题。

沙特长期稳居 OPEC 第一把交椅，是 OPEC 第一大产油国，占 OPEC 产油总量的 1/3。而美国一直批评 OPEC 是世界石油市场的“绊脚石”。特朗普一方面在中东战略问题上支持沙特，另一方面又不断向沙特施压，促其增加石油产量以降低国际石油价格。卡舒吉案发生后，美国没有把精力放在探究事实真相上，而是希望以此更好控制沙特在石油市场上的行为。

沙特国内媒体也确实曾爆料称沙特政府正准备退出 OPEC，或者在不久的将来解散 OPEC。据称，沙特政府曾指派相关研究机构研究解散 OPEC 对世界石油市场产生的影响。毫无疑问，一旦 OPEC 解散，美国将在战略上极大受益。

未来又将去何方

进入 2019 年以来，国际油价一改 2018 年下半年的不景气状态，出现快速上涨，从去年12月下旬到今年2月底上涨了30%多。这与“减产联盟”2018 年 12 月达成的减产协议及 2019 年以来沙特等国的具体实施有很大关系。不过，“减产联盟”的努力将受到美国原油产量快速增长的影响。据美国能源署预测，2019 年美国原油日产量将上升 145 万桶，2020 年将再上升 79 万桶。美国原油产量的持续上涨，将使“减产联盟”稳定国际石油市场的努力受到冲击。

展望未来国际油价走势，有几个指标需要特别关注。一是沙特、俄罗斯、美国等主要石油生产国的产量情况。目前美国原油产量已超过俄罗斯和沙特，成为全球最大原油生产国，因此美国石油政策对国际石油市场的冲击力将进一步增大。二是 2019 年的世界经济会否像有预测说的那样成为近 10 年来最坏的和未来 10 年最好的。如果全球经济增长进一步放缓，将改变全球石油供需平衡。三是美国制裁伊朗、委内瑞拉等地缘政治热点问题的走向。美国会否继续宽限相关国家与伊朗的石油贸易，马杜罗能否熬过当前危机，这均会对世界石油供应情况有一定影响。四是美国金融政策将如何调整。五是各国替代能源的发展情况。

总的看，在国际油价问题上，石油出口国与石油消费国利益不一致，石油生产国中的不同国家利益也不一致，同时，国际石油市场又与地缘政治问题紧密捆绑。换个角度说，观察石油价格涨跌情况，是了解世界经济增长势头和国际政治发展走势的重要窗口，有“管中窥豹”的作用。

13.“多边”“单边”大较量

——怎么看WTO改革与国际经济秩序走向

目前，世界贸易组织（WTO）拥有164个成员，贸易总额占全球的98%，一度有“经济联合国”之称，其主要功能是制定国际贸易规则、组织全球开放市场谈判、解决国际贸易纠纷。然而，WTO现任总干事阿泽维多曾在多个场合表示,WTO已经陷入生死存亡的困境。WTO面临的难题是什么？各主要相关方的核心关切和立场是什么？中国在WTO改革问题上的政策立场又是什么？

特朗普威胁“退群”原因何在

2018年8月30日，特朗普在接受彭博社采访时表示，如果WTO“再不好好表现”，继续让美国“吃亏”，美国将退出。其实，特朗普威胁退出WTO早已不是什么新鲜事儿了。早在2016年美国大选期间，他就多次表示WTO对美国不公。就任美国总统后，他也多次对WTO表示不满，指责WTO“功能不健全”，是“史上最糟糕的贸易协定”。美国媒体有报道称，特朗普已不下百次对白宫高级官员表示他希望美国退出WTO。

美国是关贸总协定（GATT）及WTO的发起国之一，很长一段时期内占有主导地位，直至今日也拥有特殊影响力，但特朗普自竞选总统时起就常把退出 WTO 挂在嘴边，原因究竟何在？

当地时间 2018 年 7 月 2 日，美国白宫发言人桑德斯出席例行发布会回应有关美国退出 WTO 问题。多家美国媒体 2 日报道称，特朗普政府已经起草一份法案，允许美国放弃 WTO 基本原则，并赋予美国总统特朗普更大的自由裁量权。

其实，自特朗普就任美国总统以来，“退群”似乎成了他乐意干的事情。截至 2019 年 5 月，美国已经退出了 12 个国际组织。据英国《金融时报》报道，特朗普正式就任美国总统前曾要求美国贸易代表办公室起草一份清单，列出白宫可以单方面对其他国家实施贸易制裁的法律机制。可以说，在特朗普的执政理念里，为了短期现实利益，做一些反传统的事情是正常的，没什么大不了。

第一，美国当年推动 GATT 升级为 WTO，很重要的一个原因是冷战结束后美国自信心爆棚。近年来，随着美国相对优势的减弱，其国内对 WTO 的争议声越来越大，不少人认为 WTO 应退回 GATT 阶段，因为那样的话美国就可以更自由地动用“301 条款”对其他国家采取贸易报复措施。

第二，特朗普是一个实用主义者，不愿受规制和传统的约束。在特朗普看来，当前多数多边机制非但不会给美国带来政治和经济收益，反而会束缚美国行为，越来越不符合美国利益。因此，为实现“美国优先”的目标，他更倾向于采取单边主义行为，或者通过双边途径解决问题。对于已经存在的诸多多边机制，如果他认为不符合美国利益，就会退出或逼迫其他国家重新谈判。特朗普的确是这样做的，比如美国就单方面退出北美自由贸易协定，并胁迫加拿大和墨西哥重新商签新版北美自由贸易协定。

第三，特朗普认为现行国际机制对美国越来越不公平。在特朗普的印象中，美国在诸多多边机制中都是一个“吃大亏的冤大头”。具体到 WTO，特朗普认为美国在这一机制中对其他国家作出了太多让步，导致许多国家都在“占美国的便宜”。这种状况不能再持续下去，为了实现“让美国再次伟大”的目标，必须终止其他国家的“搭便车”和“寄生虫”行为。

第四，特朗普上台以来把中国作为首要战略竞争对手。在特朗普之前，为遏制中国发展势头，美国曾尝试通过 TPP 来重建国际贸易规则，从而在经济上孤立中国。特朗普政府认为 TPP 并不是一个好办法，转而采取双边施压的方式，大幅提高关税，威胁退出 WTO，并企图通过重构多边贸易规则约束中国，让中国重新购买“门票”，抬高中国的发展成本，迟滞中国发展步伐。

美国对 WTO 的不满并非只停留在口头上，而是有实实在在的行动。最受关注的事情就是其阻挠 WTO 争端解决机构启动上诉机构法官候选人甄选程序，阻止任命新的上诉机构大法官。美国声称这一机制长期歧视美国，纵容其他成员国实施不公平贸易行为，让美国输掉了一些本应该获胜的案件，对美国而言就是一场“灾难”。

早在奥巴马政府后期，美国就曾阻挠韩国籍上诉机构大法官张胜和的续任，给出的理由是张胜和判案不公。美国的举动遭到 WTO 各成员国和上诉机构的批评，但张胜和最终在美国压力下宣布不谋求续任。特朗普上台后变本加厉，极力阻挠上诉机制大法官候选人甄选程序。

WTO 上诉机构由 7 名法官组成。由于美国的阻挠，目前仅剩 3 名法官，其中 2 名的任期将在 2019 年 12 月届满。在此之前，如果 WTO 仍未能就法官任命达成一致，WTO 上诉机构将面临停摆危机。如果真出现这一情况，将意味着在争端解决机制中败诉的一方只要提起上诉，就不需要执行裁决结果。换句话说，WTO 机制届时将陷入瘫痪状态。

中国没有履行 WTO承诺吗

美国对华实施单边贸易制裁的所谓“重要理由”是中国不遵守 WTO 规则。白宫经济顾问委员会主席哈塞特曾声称，“我们从来没有想到，一个国家能像中国一样进入 WTO，然后做出这样的行为。”他还曾暗示，中国作为 WTO 成员“行为不端”，“将中国逐出 WTO”是一个选项。对于哈塞特这一不负责任的言论，中国常驻 WTO 代表及外交部发言人都进行了明确驳斥，反对其霸凌主义、单边主义、以偏概全的言论和行径。

那么事实又是怎样的呢？ 2011 年，也就是中国“入世”10 周年的时候，时任 WTO 总干事拉米公开表示中国“入世”后的表现是“A+”，他同时表示，中国履行了 WTO 规则，虽然没有做到 100%。实际上，由于对规则的理解不同，没有哪个国家能够做到 100% 履责。2018 年 2 月，拉米在联合国贸发会议举办的日内瓦对话会上表示，“中国并不存在欺骗行为，美国在这一点上搞错了，中国遵守了其当年签署的 WTO 承诺。不过，中国非常有效地使得 WTO 纪律没有像以往约束老成员那样约束中国，特别是在补贴与政府采购领域。”美国彼得森国际经济研究所所长波森 2018 年 6 月也表示，中国基本上履行了 WTO 的所有规则和裁决。

针对中国履行加入WTO承诺情况，国务院新闻办2018年6月28日发表的《中国与世界贸易组织》白皮书从完善经济体制、全面加强同多边贸易规则的对接、切实履行货物和服务开放承诺、强化知识产权保护、对外开放不断扩大、为多边贸易体制有效运转作出积极贡献等方面进行了有力阐述。

第一，在完善经济体制和法律体系方面，中国全面遵守和执行WTO规则，完善基于规则的市场经济法律体系，构建符合多边贸易规则的法律体系，大规模开展法律法规清理修订工作，覆盖贸易、投资和知识产权保护等各个方面。

第二，在货物贸易领域开放方面，中国大幅降低关税，显著削减非关税壁垒，全面放开外贸经营权。截至2010年，中国货物降税承诺全部履行完毕，关税总水平从2001年的15.3%降至9.8%。截至2005年1月，中国已按加入承诺全部取消进口配额、进口许可证和特定招标等关税措施。自2004年7月起，中国对企业的外贸经营权由审批制改为备案登记制，民营企业进出口发展迅速，民营企业和外商投资企业进出口占全国进出口总额的比重由2001年的57.5%上升到2017年的83.7%。

第三，在服务贸易领域开放方面，中国广泛开放服务市场，持续减少限制措施。在WTO分类的12大类服务部门的160个分部门中，中国承诺放开9大类的100个分部门，接近发达成员平均承诺开放108个分部门的水平。同时，中国逐步降低服务业领域外资准入门槛。2010年中国服务业吸引外商直接投资额首次超过制造业，2017年吸引外商直接投资额占比达73%。

第四，在知识产权保护方面，中国主动加强知识产权保护，构建完备的知识产权保护法律体系，持续加强知识产权保护执法力度，知识产权保护取得显著效果。从2001年起，中国对外支付知识产权费年增长17%，2017年达到286亿美元。2017年中国发明专利申请量达

138.2万件，连续7年居世界首位，2017年中国通过《专利合作条约》途径提交的专利申请受理量达5.1万件，仅次于美国，居全球第二位。

第五，在透明度方面，中国明确提供法律制度保障，定期发布贸易政策，全面履行WTO通报义务。截至2018年1月，中国提交的通报已达上千份，涉及中央和地方补贴政策、农业、技术法规、标准、合格评定程序、国营贸易、服务贸易、知识产权法律法规等诸多领域。

针对美国和一些西方国家的恶意抹黑言论，中国外交部发言人在回答记者提问时表示，中国遵守WTO规则、履行WTO承诺的努力是有目共睹的，也获得了国际社会的广泛认可。在2018年WTO对中国进行的第七次贸易政策审议中，各方普遍积极评价中国自主开放和继续全面深化改革的举措。WTO总干事阿泽维多表示，自2001年加入WTO以来，中国在WTO中的作用与日俱增，非常了不起，值得点赞。

欧盟积极推动WTO改革动力何在

欧盟向来以注重塑造“规范性权力”著称，尽管近年来一体化进程遭受巨大阻力，但对维护多边体制仍极为关注。近年来，欧盟在WTO改革进程中非常积极主动，这主要是因为：一方面，欧盟不愿看到美国真的退出WTO，那样可能加重美国贸易政策的单边主义色彩；另一方面，欧盟有加强对中国“规制”的考虑。因此，综合考虑各方面因素后，欧盟决定致力于通过更新WTO制度规则，通过“规范性权力”将美国留在WTO内，并促使中国作出一些让步。

2018年9月18日，欧盟率先发布WTO改革初步建议，主要涉及三个关键领域：一是更新现行国际贸易规则以满足全球经济发展需要；二是加强WTO的监督作用；三是摆脱WTO争端解决机制面临的僵局。不仅如此，欧盟已经与其他WTO合作伙伴开始工作，其中包括与美国、日本进行三方讨论；与中国成立专门工作组；在 G20 贸易部长会议上与其他合作伙伴沟通协商等。

在与美日三方讨论方面，2018 年 5 月 31 日，美国贸易代表罗伯特·莱特希泽、日本经济产业大臣世耕弘成、欧盟贸易专员西莉亚·马姆斯特罗姆在巴黎举行会谈，达成《欧盟—日本—美国制定更为严格产业补贴规则的基础界定文件》《关于技术转让政策和做法的联合声明》《关于市场导向条件的联合声明》等文件，表达三方对 WTO 规则进行完善和改革的意愿，强调他们将坚决致力于推动未来与 WTO 谈判相关的讨论。有媒体表示，“欧美日 WTO 改革小分队”开始集结并采取行动。2018 年 9 月 27 日，美欧日三方贸易部长又在纽约举行会议，发表《关于美国、日本和欧洲联盟三方贸易部长会议的联合声明》。该声明全文没有点名“中国”，但媒体普遍认为其指向性非常明显。美国前贸易官员马克·吴表示，三方贸易部长在酝酿 WTO 改革方案过程中，“中国肯定在他们的脑海里”。

2018 年 7 月 25 日，欧盟委员会主席容克在华盛顿与美国总统特朗普发表《美欧联合声明》，宣布将致力于实现美欧之间“零关税、零壁垒、零补贴”的自由贸易，共同推动 WTO 改革。通过这一声明，欧盟在贸易政策上对美国作出一定妥协，换来了美国继续留在 WTO 内的表态。不过，欧盟和美国在 WTO 改革思路上并不一致，双方关于 WTO 发展模式和管理制度的设想存在明显分歧。相比而言，美国的思路更为极端，有放弃协商一致原则的想法，欧盟的思路则相对稳妥，更为注重争端解决机制建设和规则建设。

在与中国合作方面，中欧双方 2018 年 7 月 16 日发布的《第二十次中国欧盟领导人会晤联合声明》表示，“双方坚定致力于打造开放型世界经济，提高贸易投资自由化便利化，抵制保护主义与单边主义，推动更加开放、平衡、包容和普惠的全球化。双方坚定支持以世贸组织为核心、以规则为基础、透明、非歧视、开放和包容的多边贸易体制并承诺遵守现行世贸规则。双方还承诺就世贸组织改革开展合作，以迎接新挑战，并为此建立世贸组织改革副部级联合工作组。”2018年11月22日，中国、欧盟会同加拿大、印度、挪威、新西兰、瑞士、澳大利亚、韩国、冰岛、新加坡、墨西哥等成员向WTO提交了关于争端解决上诉程序改革的两份联合提案，提案就离任上诉机构成员的过渡规则、上诉审查90天审理期限、国内法律含义问题、对解决争端不必要的裁决问题、先例问题等提出了解决方案，并就加强上诉机构成员的独立性、提高上诉机构提交报告的效率和能力以及自动启动上诉机构遴选程序提出了建议。该提案可谓中欧WTO改革联合工作组的一项积极成果。

除欧盟外，加拿大在推动WTO改革方面也颇为积极。2018年10月，加拿大新任国际贸易部长吉姆·卡尔邀请巴西、智利、墨西哥、澳大利亚、新西兰、挪威、瑞士、欧盟、日本、韩国、新加坡及肯尼亚等国贸易代表赴渥太华，一起商讨WTO改革问题。媒体普遍关注到，如此重要的议题，加拿大却没有邀请中美两个全球最大经济体参加。当然，与欧盟相比，加拿大尚未形成成熟的改革建议方案，加拿大方面也称这次会议“是一次预先讨论，为后续讨论作铺垫”。

中国的原则和主张

目前为止，围绕WTO改革主要指向关税机制改革、争端解决机制改革、透明度改革等，欧美日贸易部长联合声明在产业补贴政策、国有企业等方面暗指中国的色彩明显。但总体而言，目前各方尚未有特别具体的改革建议方案，就连在WTO改革问题上最为积极的欧盟，其所提出的方案也是原则性大于可操作性。美国的具体政策立场则更为含糊不清。换句话说，各方在WTO改革方案问题上仍处于相互试探阶段，凝聚共识的过程还会非常漫长，也会面临各种困难挑战。

面对贸易保护主义、民粹主义抬头的趋势，中国坚持开放型世界经济立场，坚持维护多边贸易体制。WTO 并不完美，权威性和有效性受到挑战，但中国支持对 WTO 进行必要的改革，推动多边贸易体制与时俱进，更好地回应时代的发展。

❖2019 年 3 月 28 日，2019 博鳌亚洲论坛 WTO 改革分论坛举行。

2018 年 11 月 23 日，中国商务部围绕 WTO 改革问题举行新闻吹风会，提出中方认为 WTO 面临的三大生存危机，并提出关于 WTO 改革的三个基本原则和五点主张。

关于 WTO 当前面临的困难和挑战，中国商务部负责人表示，WTO 正面临三大生存危机：一是 WTO 的争端解决机制问题。这一机制被视为 WTO 的“皇冠上的明珠”，其上诉机构成员原本有 7 位，现在只有 3 位，还缺的 4 位由于个别成员的阻挠无法填补。如果这一事态继续发展下去，到 2019 年 12 月将只剩下 1 位成员，届时该争端解决机制上诉机构将无法正常运行，面临瘫痪的威胁。二是个别 WTO 成员滥用世贸规则中的安全例外条款，增加关税的问题。三是极个别 WTO 成员采用单边措施，无视 WTO 多边规则，这种单边措施也置 WTO 于危机当中。

关于中国在WTO改革问题上的三个基本原则，中国商务部负责人表示：一是WTO的改革应该维护多边贸易体制的核心价值，推动WTO在全球经济治理中发挥更大的作用。二是WTO改革应该保障发展中成员的发展利益，解决发展中成员在融入经济全球化方面的困难，赋予发展中成员实现其经济发展所需要的灵活性和政策空间，帮助实现联合国2030年可持续发展的目标，缩小南北差距。三是WTO改革应该遵循协商一致的决策机制，应保证广大成员特别是发展中成员的共同参与，而不要出现由少数成员说了算，也不要搞“小圈子”。

关于中国WTO改革的主张，商务部负责人表示：一是应维护多边贸易体制的主渠道地位，维护多边贸易体制在全球贸易自由化、便利化进程中的主渠道地位，不能够以所谓的新概念、新表述混淆并否定多边贸易体制的权威性，不能“另起炉灶”。二是应优先处理危及WTO生存的关键问题，尽快解决上诉机构成员明显受阻这些紧迫的问题，确保WTO各项功能的正常运转。三是应解决规则的公平问题，解决一些发达成员过度补贴农业对国际农产品贸易造成的长期的、严重的扭曲，纠正贸易救济措施的滥用，特别是在反倾销调查中的替代国做法，同时应推动WTO规则与时俱进，回应21世纪经济现实的需要。四是应保证发展中成员的特殊与差别待遇。五是应尊重成员各自的发展模式，取消一些成员在投资安全审查和反垄断审查中对特定国家企业的歧视，纠正一些发达成员滥用出口管制措施，阻挠正常的技术合作的做法，反对一些成员否认发展模式的多样性和对不同发展模式的歧视，不赞同将发展模式问题纳入到WTO改革，不同意将没有事实依据的指责作为WTO改革的议题。

2019年5月13日，中国向WTO正式提交了《中国关于世贸组织改革的建议文件》，对以往的立场和观点进行了系统总结。文件共分两部分，第一部分是理念，包括WTO在全球经济治理体系中的重要作用、WTO 面临前所未有的生存危机、中国对 WTO 改革的总体立场。阐明中方支持对 WTO 进行必要改革，解决其面临的生存危机，增强其权威性和有效性，增加其在全球经济治理中的相关性。第二部分为 WTO 改革的行动领域，主要包括如下四个领域：一是解决危及世贸组织生存的关键和紧迫性问题；二是增加世贸组织在全球经济治理中的相关性；三是提高世贸组织的运行效率；四是增强多边贸易体制的包容性。

总体而言，各方围绕 WTO 改革已经展开了一些交锋，但新的一轮博弈才刚刚开始，这一博弈的演进态势不仅将影响国际贸易治理机制的发展走向，而且将对国际秩序和全球治理的走向产生重要影响，值得密切关注。

14. 蹄疾步稳谋共赢

——怎么看“一带一路”建设成就及发展前景

“一带一路”倡议提出6年来，其建设进程既气势恢宏又润物无声，赢得国际社会广泛支持和积极参与，各类合作项目扎实启动并取得阶段性成果，为世界经济复苏发展和沿线国家民生改善注入了重要动力，成为各方以合作谋发展的重要实践平台。展望未来，“一带一路”建设将在百年未有之大变局中继续稳步前行，通过进一步凝聚合作力量开创共享繁荣的美好前景，为充满不确定性的世界指引方向，为充满乱象的世界提供定力。

“一带一路”建设成就有目共睹

“一带一路”是一个宏阔的合作框架，既包含一个个具体的工程项目，也包含丰富多彩的人文交流活动；既会产生短期效益，也会产生长期效益；既会产生直接的经济效益，也会产生间接的社会效益。随着建设进程的推进，中国与相关各方已经在合作过程中广泛受益，“一带一路”的综合溢出效应正日益显现，为世界发展提供了新理念，开创了新模式，注入了新动力。

（一）国际社会对“一带一路”的认知越来越契合这一倡议的理念

和初衷。过去几年，国际社会对“一带一路”的认识和理解经历了一个由浅入深的过程。在开始阶段，国外人士对“一带一路”的了解普遍较为有限，有的认为“一带一路”是一个具体的工程项目，有的认为“一带一路”是中国的一项对外援助计划，有的甚至认为“一带一路”是一项地缘战略。随着时间的推移，越来越多的国外人士表示，“一带一路”是强调基础设施的经济学，是强调陆海联动的经济学，是强调实体经济与虚拟经济良性互动的经济学，是探索国际合作模式创新的经济学，是推动后发国家合作发展的经济学，是强调经济合作与人文交流相互促进的经济社会学。尤为可贵的是，这其中有许多新提法、新概括和新表述是由国外人士首创的。这一重要变化表明，无论从务实合作的角度还是理论和话语建设的角度，“一带一路”建设均已体现出中国与合作伙伴共同推动的特征，充分印证了“一带一路”是大家共同的事业，不是中国一家的“独角戏”，而是相关各方的“大合唱”。

来自“一带一路”沿线国家的留学生学习书法、绘画等中国传统书画艺术。

（二）“一带一路”建设进一步加强了中国与合作伙伴的经济联系。据中国国家信息中心相关统计，2013—2017 年，中国与“一带一路”沿线国家贸易额达 69756.23 亿美元，增速高于中国对外贸易整体增速；

中国与卡塔尔、黑山、蒙古国、哈萨克斯坦等国的经贸往来表现出强劲增长动力。短短几年时间，中国新签对外承包工程合同额超过5000亿美元，境外经济合作区增加到82个，对外直接投资超过800亿美元，累计上缴东道国税费20.1亿美元，为当地创造就业岗位24.4万个。中国与俄罗斯、哈萨克斯坦、越南、缅甸、蒙古国的互联互通水平显著提升，与200多个国家的600多个港口建立了航线联系。中欧班列到2018年已累计开行1.3万列，运行线路65条，通达15个国家的49个城市。中欧班列的回程重箱率明显提升，运送货物由计算机、手机扩展到服装、鞋帽、粮食、葡萄酒等日常生活必需品。亚投行截至目前已批准贷款项目34个，共计70亿美元，正助力数以亿计的人们改善生活。

（三）各类"一带一路"合作机制陆续搭建。"一带一路"合作机制应合作需求而生，并随着"一带一路"建设推进而不断发展完善。目前，"一带一路"合作机制已初步形成多层次、广覆盖、立体化的合作框架。一是"一带一路"国际合作高峰论坛发挥总牵引作用，扮演着合作机制内核和指挥棒角色。2017年首届高峰论坛凝聚起广泛共识和强大动力，达成279项合作成果，目前各项成果正在积极落实中，其中许多已成为常态性工作。二是中国与合作伙伴签署一系列合作文件，为"一带一路"建设奠定了重要制度基础。2018年，中国又与50多个国家和国际组织签署"一带一路"合作文件，签署文件总数达到约170个，非洲、拉美、南太平洋岛国等纷纷加入到"一带一路"合作进程中来，"一带一路"的朋友圈越来越大。三是"一带一路"合作理念被写进联合国、上海合作组织、中非合作论坛、亚欧会议等重要国际机制的成果文件，得到国际社会越来越深入的认同，为"一带一路"建设推进提供了重要国际政治基础。四是一系列功能性合作组织陆续搭建。"一带一路"智库合作联盟、丝路沿线民间组织合作网络、"一带一路"国际科学组织联盟、"一带一路"绿色发展国际联盟、“一带一路”新闻合作联盟、“一带一路”企业战略联盟等各类功能性组织纷纷成立并积极开展活动，从不同领域为“一带一路”建设提供助力。五是中国国内政策支撑体系和统筹协调机制日益成熟，政府各部门加强协同配合，积极推出相关战略规划和创新举措，各省区结合自身优势因地制宜制订融入计划，形成上下联动、左右协同、创新发展的良好态势。

在阿里巴巴学习后，赞比亚小伙光明要做“非洲版支付宝”。光明在赞比亚创立了电子支付公司 BroadPay，希望让 60% 没有银行卡的赞比亚人能享用相当于“支付宝”式的在线服务。

（四）“一带一路”建设已经让中国和沿线国家广泛受益。一方面，中国通过“一带一路”建设进一步深化对外开放，推动国内外发展战略深度融合，经济社会发展拥有了更加广阔的空间，中国开放空间从沿海、沿江向内陆、沿边延伸，进一步形成陆海内外联动、东西双向互济的开放格局。并且，通过“一带一路”建设，中国坚持走和平发展道路、坚持互利共赢的开放战略、倡导建设新型国际关系、推动构建人类命运共同体的气度、胸襟和诚意得到国际社会更深入的理解，营造了良好外部环境。另一方面，“一带一路”建设已经让沿线国家广泛受益。比如，中国与白俄罗斯的产业园区帮助白俄罗斯建立了自己的轿车制造业，拥有了欧亚地区面积最大的工业园。中国企业收购陷入困境的塞尔维亚斯梅代雷沃钢厂，不到一年时间就让这家连续亏损7年的企业扭亏为盈，保住了5000人的就业岗位。中巴经济走廊建设总投资已超过190亿美元，每年为巴基斯坦经济增长贡献1—2个百分点，创造了7万个就业岗位。中国承建的斯里兰卡普特拉姆燃煤电厂供应斯里兰卡全国超过40%的电力，解决了2000多万人的用电问题。中国公司承建了蒙内铁路、亚吉铁路、阿卡铁路、安哥拉本格拉铁路，其中蒙内铁路累计为肯尼亚创造近5万个工作岗位，带动肯尼亚GDP增长约1.5%。这样的例子不胜枚举，中国对外投资已经成为拉动全球对外直接投资增长的重要引擎。

“一带一路”建设遇到困难实属正常

“一带一路”建设是百年未有之大变局背景下以合作促发展、以发展促安全的重要探索，是创新国际合作模式和全球治理模式的重要实践。作为一项肩负重要国际责任和历史使命的实践探索，“一带一路”在建设过程中遇到一些困难是正常的，对此应客观认识，理性对待。近段时期以来，“一带一路”建设的国际环境发生了一些变化，合作过程遇到了一些问题，概括起来主要有以下几个方面：一是西方一些国家的政治人物针对“一带一路”发表了一些不太积极的言论，诋毁“一带一路”的初衷和理念；二是国际舆论界针对“一带一路”出现了“债务陷阱论”“地缘战略论”“环境污染论”“规则替代论”“新殖民主义论”“新朝贡体系论”“经济渗透论”等经不住推敲的负面言论，给“一带一路”的国际形象造成一定消极影响；三是一些国家和组织推出新的基础设施互联互通倡议，被国际舆论界认为有针对“一带一路”倡议的意味；四是个别“一带一路”合作伙伴国取消了部分合作项目，或对原有合作规划作了一些调整，给中国企业造成一些暂时性的影响。

这些问题的产生有其必然性：一是一些国家不愿看到“一带一路”建设取得的重大成就，千方百计对“一带一路”建议进行约束，阻挠建设进程；二是一些国家惯于对立式思维方式，总担心“一带一路”建设背后有什么阴谋；三是一些国家国内政局出现重大变化，存在一定程度的“为反对而反对”的现象；四是“一带一路”建设是一个创新探索的过程，相关方在合作中需要不断磨合，难免会出现制度对接、利益分配、习俗融合等方面的问题。

总体来看，上述问题和困难并未给“一带一路”建设造成实质性影响，国际社会支持“一带一路”建设的仍然是主流；不少发展中国家政要站出来公开反驳针对“一带一路”的不实言论；部分国家因政局变化给双方“一带一路”合作造成一些波折，但并未影响合作大局；中国与相关国家加强协调合作，较好解决了合作中出现的问题，并积累了宝贵经验。可以说，这些问题或许会给“一带一路”建设带来一些麻烦，但不会造成实质性破坏。

当然，坚定信心、保持定力并不意味着忽视问题、回避矛盾。“一带一路”建设意味着中国与合作伙伴更全方位、更深层次的合作。这一过程不仅需要有强烈的意愿和热情，更要有足够的智慧和耐力。因此，如何推动经济合作与民心相通良性互动，如何提高中国“走出去”企业的国际交往能力，如何切实改善当地老百姓的生活质量，如何以当地经济发展可持续确保双方合作可持续，如何与发达国家更好开展“第三方合作”，如何为“一带一路”建设营造良好国际环境，这些都是需要根据形势发展和合作进展不断解答的问题。

“一带一路”建设前景光明

“一带一路”建设在百年未有之大变局中稳步起航，取得一系列明显成效，展现出广阔合作前景。2018 年 8 月 27 日，习近平总书记在推进“一带一路”建设工作5周年座谈会上指出：经过夯基垒台、立柱架梁的5年，共建“一带一路”正向落地生根、持久发展的阶段迈进。我们要百尺竿头、更进一步，在保持健康良性发展势头的基础上，推动共建“一带一路”向高质量发展转变，这是下一阶段推进共建“一带一路”工作的基本要求。

❖2019年4月26日，第二届“一带一路”国际合作高峰论坛开幕式。图为巴基斯坦总理伊姆兰·汗致辞演讲。

2019年4月25—27日，第二届“一带一路”国际合作高峰论坛在北京举办，共40个国家和国际组织的领导人出席圆桌峰会，围绕“共建‘一带一路’、开创美好未来”的主题，就推进互联互通、加强政策对接以及推动绿色和可持续发展等议题深入交换意见，会后发表《共建“一带一路”开创美好未来——第二届“一带一路”国际合作高峰论坛圆桌峰会联合公报》。与会外方领导人及国际组织负责人认为，共建“一带一路”倡议是当今世界最伟大的经济合作倡议之一，有利于推动国家间和地区间的互联互通，有利于促进贸易、投资、基础设施建设、可持续发展等领域合作，有利于增进沿线地区人民的相互了解，倡议实施5年多来取得了丰硕成果，为各国人民带来实际利益，为国际发展合作作出了重要贡献。峰会进一步凝聚更加强大的合作动力，推动“一带一路”建设朝着更高质量、更高标准、更高水平的方向迈进，为人类走向更加美好的未来铺陈道路。

（一）“一带一路”合作项目的综合效益将进一步显现。“一带一路”以基础设施互联互通和国际产能合作为重要切入点，此类项目建设周期长、见效慢，但长期性、综合性效益突出，有助于经济社会可持续发展。经过5年多的探索，中国与合作伙伴在“一带一路”项目建设方面积累了较为丰富经验。在未来合作中，相关合作方应共同增强主人翁意识，积极参加“一带一路”的顶层设计和具体合作进程，确保各类合作项目最大程度带动当地经济社会发展，给当地老百姓带来实实在在的好处，让“一带一路”成为改善民生、促进发展、创造和平的大平台。中国企业可着力从以下几方面继续提升：一是更加注重与当地各类法律、制度的对接，依法合规经营，主动融入当地社会，积极承担社会责任，与当地社会同呼吸、共命运；二是通过资助留学、开展职业培训等方式，提升当地劳动者教育水平和劳动技能，不断提高用工当地化水平，有效解决当地就业问题；三是开展更多符合当地特点、有助于其经济社会可持续发展的项目，让老百姓在工程项目中切实受益，培育当地经济发展的内生动力和“自我造血功能”，让当地经济社会发展自我良性运转起来；四是树立扎根当地、长期经营的意识，争做“百年老店”，处理好各类“第三方因素”，营造良好综合环境。

（二）以“对接”为突出特点的“一带一路”合作机制将进一步发展完善。“对接”使相互独立的事物建立联系，使相关方找到利益契合点，使陌生转化为熟悉，使对立转化为融合，是“一带一路”区别于其他合作机制的重要特点，也是“一带一路”哲学逻辑的具体体现。随着“一带一路”建设的推进，“对接”的需求不是更少了而是更多了，“对接”的要求不是更低了而是更高了。这就意味着增进全方位“对接”将成为“一带一路”合作机制发展完善的重要目标。首先，“对接”将是多层次的。“一带一路”建设将与联合国、世界贸易组织、国际货币基金组织、世界银行等全球层面的合作机制进一步对接，与东盟、非盟、欧盟、阿盟、欧亚经济联盟等区域和次区域合作机制深入对接，与各国发展战略和合作倡议更具体对接。其次，“对接”将是全方位的，既包括发展思路、发展规划、具体工程项目方面的对接，也包括经济社会制度、国际规则和标准方面的对接，还包括价值体系和社会习俗方面的对接，“一带一路”将以“全要素对接”促进“全要素合作”，进而推动各方实现“全要素发展”。最后，“对接”将是动态发展的。“一带一路”建设初期的对接目标主要是既有的国家发展战略和国际合作机制。随着合作的推进，有的国家更新了发展规划，提出新的基础设施项目，有的国家推出新的区域和次区域合作构想，“一带一路”需要根据这些变化，“滚动式”地开展对接，在变化发展中寻找彼此“最大公约数”，最大程度凝聚共识、激发动力。

正在建设中的中俄界江黑龙江公路大桥。

（三）“一带一路”的共同精神家园将更加生动和丰富。“一带一路”是借用古丝绸之路这一文化符号，倡导各国以合作对接谋求联动发展的创新构想。随着“一带一路”由愿景转化为行动，随着一个个具体合作项目的扎实推进，“一带一路”的共同精神家园将日益丰富，并逐步呈现“百花齐放春满园”的景象。一方面，“一带一路”建设将推动以合作促发展、以发展促安全的思路为国际社会更广泛地接受，进而推动以和平合作、开放包容、互学互鉴、互利共赢为核心的丝路精神更加深入人心，成为"一带一路"合作伙伴的共同价值追求。另一方面，在丝路精神的感召下，"一带一路"建设已经并将继续涌现出越来越多的鲜活故事和感人事迹，比如，一些工程项目极大地改善了当地社会民生，许多"一带一路"建设者体现出崇高的人道主义和国际主义精神，越来越多的民众因"一带一路"结缘，越来越多的"一带一路"合作伙伴愿凝聚合力、共迎挑战、共克时艰等。像中国小伙娶到了洋媳妇、洋小伙娶到了中国姑娘、中国人教当地人打乒乓球、当地人教中国人学习当地语言等感人故事越来越多。并且，随着彼此交往的增多，相互间感情会更深，人与人的心理距离也会更近。新时代的丝路故事将不断涌现，"一带一路"故事将无比精彩。

（四）"一带一路"将继续为世界和平发展注入动力和定力。"一带一路"肩负着在变局和乱局中推动世界和平发展的重任。回顾历史，人类总是周期性地经历变局和乱局的洗礼。每次洗礼都预示着人类社会的一次跃升，同时也往往带来不同程度的动荡和波折。面对新的历史变局，人类的共同使命应是看清大势、保持定力，充分释放大变局蕴涵的积极效应，努力规避其可能带来的消极影响，把大变局转化为人类发展进步的动力，而非动荡、冲突甚至战争的诱因。面对这一变局，中国给出的答案是推动构建人类命运共同体。同时，中国为这一愿景提供了实践路径，即推动共建"一带一路"。"一带一路"可以担负起这一使命，这是因为，"一带一路"的创新性有助于人们更好地抓住新一轮科技革命带来的重大利好，推动实现更大程度的发展；"一带一路"的开放性有助于化解民粹主义、种族主义、排外主义、保护主义等各类极端思潮的负面影响，维护世界和平稳定；"一带一路"的包容性有助于解决全球化过程中出现的贫富差距等发展不均衡问题，推动全球化朝着更加健康的方向发展。

总之，共建“一带一路”顺应了历史发展逻辑、世界发展大势和时代发展潮流，已经绘就了一幅气势磅礴的“大写意”。展望未来，在国际社会共同努力下，“一带一路”一定能进一步绘制精致细腻的“工笔画”，在世界大发展大变革大调整中积极作为，铺就通往人类命运共同体和更加美好未来的康庄大道。

后 记

世界正处于百年未有之大变局之中，国际形势发展变化节奏显著加快，旧的热点问题尚未降温或解决，新的热点又被人为制造出来。围绕这些热点问题，各种政治势力进行的台前幕后活动乱局渐欲迷人眼。如何看清这些热点现象后面的本质，成为广大读者和各级各类干部的迫切需要。

自 2013 年以来，《世界热点怎么看》系列丛书已经连续出版 7 年，成为广大干部群众了解国际热点问题的重要参考读物，而读者的期待和肯定是我们持续编著下去的不竭动力。我们将继续以鲜明的中国立场、中国气派、中国风格，抽丝剥茧深入解析热点事件背后的各方政治博弈，帮助读者看懂世界大势、把握全球政治走向。

在《世界热点怎么看 2019》编写过程中，中国驻俄罗斯使馆参赞胡昊和党建读物出版社社长王英利及有关领导和编辑多次商讨，就内容、提纲及体例文风等进行了严肃认真的交流和探讨。胡昊具体组织了编写和统稿等工作。具体参加本书编写工作的有：胡昊、李世鹏、李鼎鑫、林永亮、赵明昊、郑东超、张伟杰。

书中所使用的材料和数据，均来自公开发布的国内外权威资料。我们在编写过程中也参考借鉴了国内外一些研究成果，在此一并表示诚挚谢意！不当之处，诚请有关专家和广大读者批评指正。

编 者

2019 年 7 月